LE VERSEAU

AQVA RIUS

Michèle Curcio

Les Signes du Zodiaque

Le Verseau

Seghers

Sand

Frontispice :
Liber Astrologiae. *Manuscrit latin du XIVe siècle.*

ISBN 2-7107.0106.5

SOMMAIRE

Première partie

Deuxième partie

Troisième partie

Le mois de février. Calendrier des bergers, *XVe siècle*.

Première partie

L'aquarius ou porteur d'eau, représentation symbolique du Verseau. Fontaine du château de Chantilly.

Chapitre I

Le onzième signe du Zodiaque

« La vertu produit le bonheur
comme le soleil produit la lumière. »
ROBESPIERRE.

La constellation qui a donné ce nom francisé au onzième signe du Zodiaque s'appelle plus communément Aquarius. C'est devant elle que le Soleil, théoriquement, se lève chaque matin du 20 janvier au 18 février.

En réalité, le Soleil ne se lève pas au point du Zodiaque qui est indiqué par la tradition astrologique. Pendant des siècles, les données demeurèrent inchangées et les études de caractère commencèrent quand le soleil se levait, le 21 mars, devant le premier degré du Bélier.

On a constaté, cependant, une corrélation entre le signe zodiacal, le caractère de ceux qui naissent théoriquement sous ce signe et la saison pendant laquelle se produit la naissance.

Depuis, le point vernal s'est déplacé. Mais la définition du Verseau demeure. Dans notre hémisphère boréal et sous nos latitudes tempérées, c'est à peu près la période où le froid est le plus vif, mais non le plus triste : la lumière est redevenue plus brillante et les jours sont plus longs. En nous, chaque cellule le sait, animalement : l'espoir est de retour, l'hiver n'a plus beaucoup de temps devant lui avant de céder le pas au printemps; bref, le plus dur est passé.

Saturne-Chronos, qui régit le temps-durée, est une planète qui nous veut du bien : s'il semble vous accorder un temps réduit de bonheur, il ne peut pas prolonger celui de la souffrance, car le temps ne varie pas.

Trois signes du Zodiaque assument la saison hivernale : le Capricorne, le Verseau, les Poissons.

Dans le cycle annuel, si bien marqué par la végétation, Saturne achève le processus commencé sous le signe du Capricorne, conduisant la graine à sa germination. C'est une chimie obscure qui s'élabore lentement, donc avec le concours de Chronos, le temps, dans les profondeurs de la terre arable.

Si nous établissons un parallèle entre la succession des phases de la vie humaine et la succession des signes du Zodiaque, nous découvrons que, le Bélier étant un tout petit enfant, les trois premiers signes (Bélier, Taureau, Gémeaux) vont de la naissance à l'adolescence. Ce sont des périodes, où la pensée, par l'intermédiaire des sens, découvre la vie. Les trois signes suivants (Cancer, Lion, Vierge) explorent ce monde et le vivent au présent; les trois suivants (Balance, Scorpion, Sagittaire) sont l'être humain au maximum de sa forme, de son développement.

Un homme mûr

Le Verseau est plus qu'un signe de maturité : c'est un signe de sagesse. C'est par un homme d'âge mûr qu'il est représenté symboliquement, un porteur d'eau, ce qui se dit en latin « aquarius ».

Il symbolise la condition humaine ayant atteint son développement, et parvenue à un degré d'évolution qui la hisse au-dessus de la barbarie et au niveau de la sagesse.

Si l'on considère les signes du Zodiaque symbolisés par des animaux, on pense instinctivement au totem, en usage dans certaines tribus primitives; mais si on considère des symboles-objets, on risque de se laisser tenter par l'utilisation de fétiches et de talismans comportant une reproduction de cet objet (la Balance), quand il s'agit de représentation humaine, comme les Gémeaux, la Vierge et maintenant le Verseau, on perçoit plus nettement le caractère abstrait de cette conception. Aucun des signes du Zodiaque ne correspond à un élément concret; l'abstrait et le symbolisme demeurent.

Un signe d'Air

Chacun des douze signes du Zodiaque est régi par l'un des quatre éléments cardinaux, qui sont : l'Air, le Feu, la Terre et l'Eau.

Ce lien entre un signe du Zodiaque et un des quatre éléments fait partie d'une série d'informations relatives au signe que l'on étudie et qui permettent de mieux saisir dans tous ses détours la psychologie des personnes nées sous ce signe.

Qu'est-ce qu'un « signe d'Air » et quelles sont ses particularités ? C'est ce que nous allons voir.

Si les quatre éléments sont importants, c'est parce qu'ils permettent de définir certaines dispositions organiques des natifs des signes respectifs. Un natif du Cancer, qui est un signe d'Eau, présentera des particularités physiques et organiques différentes de celles d'un signe de Feu comme le Lion, ou d'un signe d'Air comme les Gémeaux et comme le Verseau. Il faut savoir que les quatre éléments sont eux-mêmes composés de quatre qualités : le chaud, le froid, le sec et l'humide. On les appelle les qualités élémentaires.

Ces expressions, pour n'être pas des plus modernes et malgré leur résonance ancienne et symbolique, n'en sont pas moins très concrètes. Tout le monde a eu l'occasion d'être troublé par un regard humain, d'apprécier une chaude poignée de main et de se trouver embarrassé par un accueil froid.

Le chaud peut être considéré symboliquement comme l'effet d'une force centrifuge. Celui qui est « chaud » est extraverti. Le chaud, c'est l'expansion vers l'extérieur, le dynamisme, l'impulsion vitale, comme l'explique Paul Colombet dans son *Initiation à l'Astrologie*.

Le froid correspondrait alors à la force centripète, c'est-à-dire l'introversion, le geste et l'expression plus lents, la réflexion plus profonde. La personnalité s'oriente vers son monde intérieur.

Le sec est le signe de la tention interne, de l'indépendance, de l'obstination, peut-être même de l'égoïsme.

L'humide est souple et détendu. La personnalité est malléable, s'accommodant de tout, mais risquant de se dissoudre dans les autres ou dans les faits, donc peu marquée.

C'est en se combinant deux par deux que ces quatre qualités – le chaud, le froid, le sec et l'humide – donnent les quatre éléments.

Avec le chaud et le sec, on a le Feu. Le Feu caractérise le Soleil, Mars, Uranus. Il régit les signes du Bélier, du Lion et du Sagittaire. Il définit la sphère de l'action et du dynamisme. Celui qui naît sous un signe de Feu est généralement vif, viril, ardent, passionné, volontaire, rapide. Il a une psychologie dite primaire, parce qu'elle est fondée sur la première impression. Il est changeant et a peu de mémoire. Il a une large activité, dans un style dominateur et conquérant. Physiologiquement, il a un tempérament bilieux; physiquement, il est mince et musclé, souvent même sec et anguleux.

Avec le froid et le sec, on a la Terre. La Terre caractérise Mercure et Saturne, les signes du Taureau, de la Vierge et du Capricorne. C'est le monde du concret et de la logique. Celui qui est né sous un signe de Terre a une psychologie secondaire et se laisse difficilement influencer, parce qu'il réfléchit beaucoup, en faisant confiance à ses propres opinions et impressions. Il est obstiné et laborieux, doué d'une excellente mémoire. C'est un introverti, parfois égocentrique. Physiologiquement, il a un tempérament nerveux, dominé par sa vie cérébrale.

Lunettes de Galilée
(musée de Physique et d'Histoire naturelle, Florence).

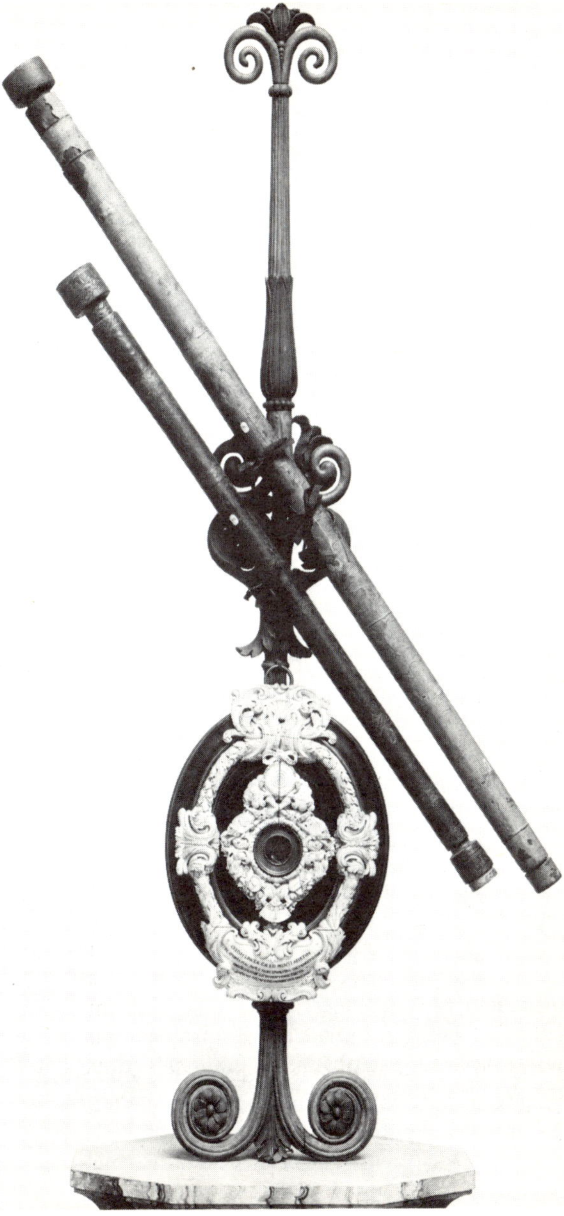

Avec le chaud et l'humide, on a l'Air. L'Air marque les planètes Vénus et Jupiter, les signes des Gémeaux, de la Balance et du Verseau, qui fait l'objet de la présente étude. C'est le domaine de la perception directe par les sens, des relations avec l'entourage. Celui qui est né sous un signe d'Air est vif, primaire, de réactions spontanées mais brèves, changeant, très attentif à l'entourage, et extraverti, assurant les contacts entre individus, animant la conversation. Physiologiquement, c'est un sanguin, chez qui l'appareil respiratoire est particulièrement développé, de même que les fonctions circulatoires et sexuelles. C'est un extraverti, gai, heureux, optimiste, sociable.

Enfin, avec le froid et l'humide, on a l'Eau. L'Eau marque les planètes Lune et Neptune, elle régit les signes du Cancer, du Scorpion et des Poissons. C'est la relation directe avec l'extérieur, visible ou non, par l'intermédiaire de la sensibilité, de la subjectivité et de l'intuition. Celui qui est né sous un signe d'Eau a une vie intérieure très intense, il est malléable; dans certains cas, il paraît extérieurement calme, mais il est très tourmenté intérieurement, à cause d'une vie psychique intense et d'une communication directe avec l'entourage. Il a un tempérament lymphatique, avec prédominance de l'appareil digestif et des fonctions de nutrition.

Ces commentaires nous ont donc permis de situer le Verseau parmi les éléments et de le définir comme un signe d'Air.

Le Verseau dans le Zodiaque

On trouve donc dans le Zodiaque des animaux, des objets et des êtres humains. Il semble que les Anciens aient voulu signifier que l'homme parvenu à la sagesse à travers les épreuves de la vie doit faire bénéficier les

Le Verseau : un signe d'Air. Frontispice pour le Robinson Crusoé *de Daniel Defoe, XVIIIe siècle.*

autres de son acquis. L'eau qu'il verse représente cette sagesse. Évidemment, il ne peut s'empêcher de distribuer cette sagesse, mais ceux auxquels il la donne peuvent-ils en profiter ? Ici, la tradition ne se prononce pas, car aucune illustration graphique du Verseau n'indique où va cette eau. En fait, les expériences des autres nous sont rarement utiles, car nous ne croyons les choses que lorsque nous avons souffert de les ignorer ou d'en douter.

Le hiéroglyphe du signe représente deux lignes sinueuses, comme une eau qui coule. Une eau symbolique, bien entendu; étant donné qu'il s'agit d'un signe d'Air, donc un sujet ayant la communication facile, il ne peut s'agir que d'une eau légère, qui se répand dans l'air en traces perceptibles plutôt par l'âme que par le corps, une eau psychique, peut-être.

Si délicate que soit la signification de ce signe et si difficile qu'il soit d'en déchiffrer tout le sens, on peut dire qu'il dénote une extraversion et une certaine générosité.

En tant que signe d'Air (le troisième), il est associé aux Gémeaux et à la Balance.

L'Air des Gémeaux, au début de l'année, est en transformation, en constitution, il est dit « mutable ». L'Air de la Balance, à l'instant où jours et nuits s'équilibrent, est essentiel et on le qualifie de cardinal. L'Air du Verseau, en fin de cycle, n'a plus rien à acquérir, il possède sa plénitude; c'est l'Air fixe.

Étendons ce commentaire. Reprenons les Gémeaux : nous avons entre le natif du signe et l'entourage un lien intellectuel. Ce lien a existé dès l'enfance, avec les élèves d'une même école. Plus tard, dans l'exercice d'une profession, le même état d'esprit chez le Gémeaux a créé des liens semblables avec ses confrères.

Pour les natifs de la Balance, le lien avec l'entourage était sentimental. La Balance dispose d'un cœur qui ne demande qu'à se donner et c'est dans la vie conjugale que le natif de la Balance réalise ses meilleures communications.

Les natifs du Verseau vont plus loin et plus haut. Le lien qui les unit à leurs semblables, c'est celui des âmes. Le Verseau sent et sélectionne les affinités électives et aboutit à une fraternité universelle.

La progression est nette : avec le Gémeaux, c'est un « moi » face à tous les autres; avec le Balance, c'est « toi et moi », face à tous les autres; avec le Verseau, c'est simplement « nous ».

La projection plane de la ceinture zodiacale est un cercle divisé en douze secteurs égaux. Observons ce plan.

Si on compare la position du Verseau par rapport aux autres signes, on constate qu'il est sur le même diamètre que le Lion, auquel, par conséquent, il s'oppose directement.

Nous avons développé la signification du Lion dans le volume le concernant.

Le Lion, en effet, est le signe qui caractérise la prise de conscience de l'individu en tant que personne constituée. L'être, modèle unique, qui seul quitte enfin l'ambiance familiale, symbolisée dans les sentiments d'attachement à l'origine par le signe du Cancer, et prend librement possession de sa personnalité, une et indépendante. Il ne fait plus partie intégrante d'une famille. Le cordon ombilical moral et psychique est enfin coupé; et cela se passe bien longtemps après que le cordon ombilical physiologique l'a été.

Maintenant, avec le Verseau, ce « je », que devient-il ?

Sous son règne, on peut dire qu'il faut haïr le « moi », car il a fait ses expériences et maintenant il sait que l'accomplissement de la condition humaine n'est pas affaire individuelle, mais collective; il sait qu'il est étroitement lié à l'ensemble de l'humanité. Continuer l'application de toutes les conséquences de l'individualisation peut devenir une faute, un crime contre l'espèce humaine. Le « nous » du Verseau devient la règle de survie.

Avec le Lion, l'homme est indépendant, issu d'un processus qui lui a donné des lumières sur sa condition. Mais, cette information acquise et développée, il serait blâmable d'un rester là. Il faut, après l'exploration des ressources du « moi » et du « toi », passer à « nous », sous peine d'interrompre une évolution indispensable.

Avec le Verseau, l'homme devient libre, intégralement libre, non pas seulement indépendant. De l'acceptation du moi, du je, on passe à l'acceptation d'autrui. L'homme est intégré à la vaste famille humaine. Ce qui ne concerne que l'individu passe au second plan; ce qui importe, c'est la société humaine face au Cosmos.

Ce sont des forces spirituelles qui vont faire agir le Verseau. L'intérêt personnel ne joue plus, c'est l'intérêt collectif; on ne dit plus « je », mais toujours « nous ».

La société humaine

Qu'est-ce que cette société humaine ?

Ce n'est ni l'État, ni une nation, c'est l'ensemble de tous les êtres humains.

Ce qui anime cette société humaine, ce ne sont pas les devoirs civiques, les institutions sociales, la raison d'État, les impératifs politiques. Ici, il s'agit de la vie culturelle, des idéaux animant les aspirations des groupes et des affinités collectives qui forment ces groupes et nous font vivre dans une communauté d'idées, une culture, une mémoire collectives. Avec le Verseau, on ne peut parler qu'au pluriel.

On ne possède donc plus rien de ce qui fait la personnalité individualisée du Lion. Le Verseau a tout donné, dans un geste enrichissant; il ne diminue en rien ce qu'il possède en donnant tout, parce que, le donnant à l'humanité tout entière, il se le donne aussi à lui-même. Ce n'est pas la même chose que garder pour soi ou donner à toute l'humanité. Ce qu'il reçoit alors, sa part de ce don à l'humanité, n'est plus ce qu'il possédait : son geste a sublimé ce qu'il a su donner.

Avant qu'on ne découvre l'existence d'Uranus, Saturne gouvernait le Verseau. Ce fait unit en quelque sorte le Verseau au Capricorne, gouvernés tous les deux par la même planète.

Considérons le Zodiaque par ses « quadrants », c'est-à-dire par les signes groupés en quatre groupes de trois. Le Capricorne est le premier signe du dernier quadrant. Le premier, c'est la formation de l'homme; le second, c'est la prise de conscience par l'individu de son existence indépendante; le troisième, c'est la communication avec les autres individualités; le quatrième, c'est la prise de conscience collective de l'humanité tout entière.

Le premier quadrant, ce sont le Bélier, le Taureau et les Gémeaux; le second : le Cancer, le Lion, la Vierge; le troisième : la Balance, le Scorpion, le Sagittaire; enfin, le quatrième, le Capricorne, le Verseau, les Poissons.

En se reportant aux autres volumes de cette série *les Signes du Zodiaque,* on rassemblera les éléments documentaires relatifs aux douze signes et on fera plus facilement le parallèle entre les divers « quadrants ».

L'Homme-Zodiaque

On a donné le nom d'Homme-Zodiaque à une figure représentant un être humain avec, correspondant aux diverses parties de son corps, les signes du

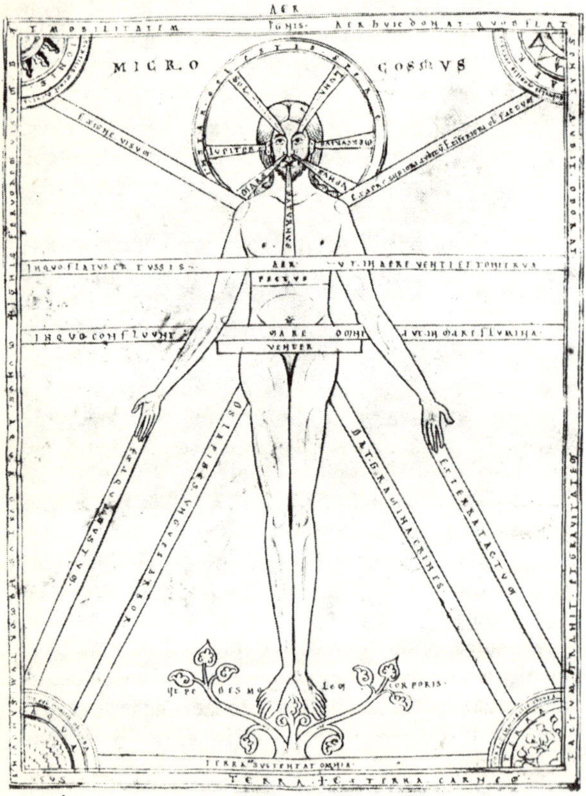

Homme microcosme, XVIe siècle.

Zodiaque. On connaît plusieurs images de cette figure, plus ou moins artistiques, selon le talent de leur auteur. Une des plus charmantes appartient aux *Très Riches Heures du duc de Berry*, où elle porte le titre de *l'Homme anatomique* et que l'on peut voir au musée Condé, à Chantilly. Le personnage est un éphèbe fort gracieux. Son corps porte un Bélier posé en diadème dans ses cheveux et, en effet, le signe du Bélier a des rapports étroits avec la tête. Un taureau est délicatement couché sur sa nuque et, de fait, le signe du Taureau est en rapport avec la bouche, la gorge et le cou. Sur chaque épaule, il porte un petit personnage, et à eux deux ils forment les Gémeaux. Sur sa poitrine, nous voyons le Cancer, uni aux glandes internes et sur le cœur; la Vierge est sur l'estomac et la Balance au plexus solaire, avec le nerf pneumo-gastrique; le Scorpion au niveau du sexe, le Sagittaire aux cuisses, le Capricorne aux jambes, le Verseau aux jarrets et les Poissons aux pieds. La bande, qui d'une ellipse encadre l'Homme-Zodiaque, porte les signes zodiacaux et des notes aux quatre angles expliquent le lien qui unit les signes aux organes du corps.

Le Verseau concerne l'ensemble du système circulatoire. C'est cette fonction qui doit retenir l'attention des natifs de ce signe. Il serait intéressant que les astrologues consultants fassent sur leurs clients habituels des observations sur les aspects planétaires, en recherchant leur retentissement sur la santé du sujet.

Il est fort probable que, chez un natif du Verseau, si un aspect dissonant des planètes se trouve perturber le déroulement normal de sa destinée, cela peut concerner sa santé, et le sujet peut voir son système circulatoire perturbé.

En tout cas, le système circulatoire est le point délicat dans la santé des natifs de ce signe. C'est sur cette fonction qu'ils doivent veiller plus particulièrement, leur dit l'Homme-Zodiaque, en attirant leur attention sur les jambes, car c'est aux jambes que se manifestent d'abord les troubles de la circulation.

En ce sens, le Verseau s'oppose au Lion, car le Lion concerne le cœur, point de l'Homme-Zodiaque nettement défini et particulier, tandis que le Verseau concerne l'ensemble du mécanisme circulatoire, passant du particulier au général. C'est encore la ligne du Verseau : généraliser.

Un signe et une destinée

Le signe suffit-il à définir l'individu et, pour l'interpréter, doit-on se contenter de sa signification mythologique ou ésotérique ? Il semble que la réponse doive être négative. Divers éléments de l'Astrologie entrent en ligne de compte, s'interfèrent et se recoupent.

« L'horoscope individuel – écrit clairement Jacques Helbronn – est constitué de trois facteurs essentiels : les *signes du Zodiaque*, les *planètes* et les *aspects*. » (*Clefs pour le Zodiaque*)

Au sujet du Zodiaque, lequel autrefois correspondait aux constellations dont ses douze signes portent le nom, on doit prendre en considération le phénomène appelé « précession des équinoxes », phénomène astronomique qui détermine de très longues périodes de deux mille cinq cents ans environ, appelées ères.

Nous entrons actuellement dans l'ère du Verseau.

On trouve plus véridique et plus simple d'utiliser le Zodiaque en considérant le déroulement des saisons sur notre Terre plutôt que de scruter le ciel au télescope. C'est moins poétique, mais plus sûr.

Une dernière observation, avant de clore ce chapitre introductif. Autrefois et jusqu'au XVIIe siècle, les astrologues observaient certaines planètes situées hors du système solaire. Cela n'est plus d'usage aujourd'hui.

Il faut penser que les XVIIIe et XIXe siècles ont été férus de rationalisme; ils ont cru devoir rejeter la possibilité « scientifique » de l'influence des planètes lointaines sur nos modestes destinées. C'est une opinion qui prête à discussion. Ce n'est pas ici le moment de le faire. Constatons seulement le fait.

L'Eau. *Gravure allégorique du XVIIe siècle.*

La constellation du Verseau, gravée d'après Léonard Gautier. Le Livre des Zodiaques, *XVIIe siècle.*

Chapitre II
Symbolisme et importance actuelle du Verseau

La mythologie du Verseau

Dans toutes les mythologies du monde intervient un déluge, et la première création est à peu près entièrement détruite par les eaux; puis, à l'aide de quelques éléments épargnés en quantité nécessaire et suffisante, elle se reconstitue selon un modèle semblable, mais affiné par l'expérience, amélioré par les sanctions, possédant des connaissances plus approfondies sur les êtres et les choses, et sur le sens de l'univers. C'est une application du principe de « la table rase » : tout supprimer pour recommencer en utilisant les leçons de l'expérience.

C'est à cette destruction, suivie d'une reconstitution, que le Verseau se rapporte dans les plus anciennes mythologies, comme celle de l'Inde, par exemple.

Avec l'avènement du printemps, s'ouvrait au 21 mars la période correspondant au signe du Bélier. C'était le temps où la sève prête à s'élancer dans les plantes rassemblait ses forces et, contre toutes les oppositions et les obstacles, montait miraculeusement de bas en haut, dressant vers la voûte céleste les premières promesses du printemps. Du 21 avril au 20 mai, le soleil se lève dans le signe du Taureau : c'est l'épreuve de la terre; la plante enfonce ses racines dans le sol. Au-dessus, à la surface, la beauté se répand partout avec les fleurs. Au 21 mai, le soleil entre dans le signe des Gémeaux. Celui qui reçoit et qui donne : la nature reçoit les dons du ciel et les répand sur nous. Puis, à partir du 22 juin, le soleil passe dans le signe du Cancer. La fleur a conçu sa graine. Une sourde chimie s'opère dans l'ombre, le signe est sous l'influence de la Lune. A partir du 23 juillet, vient l'éclatement triomphal des récoltes; le soleil est dans son rayonnement le plus puissant : c'est le signe du Lion. Du 23 août au 22 septembre, on récolte, on compte, on met en réserve; c'est le signe de la Vierge, qui donne à ses natifs beaucoup de sagesse pratique. Puis, après un instant d'équilibre où tout reste immobile avant que le cours des choses ne change, c'est le signe de la Balance, du 23 septembre au 22 octobre. Le Scorpion, du 23 octobre au 21 novembre, prépare déjà les futures germinations qui vont rester en gestation sous le signe du Sagittaire, du Capricorne, du Verseau et des Poissons, le renouveau du recommencement d'un autre cycle annuel. Pendant cet arrêt des manifestations de la vie, l'esprit prend le relais. Ces derniers signes renferment des valeurs de plus en plus intellectuelles et spirituelles.

Mais l'homme « n'est ni ange, ni bête », écrivait Pascal, et après avoir tenté de converser avec son créateur et fait un effort en vue de comprendre les problèmes universels, il revient à sa matérialité pour procréer et se reproduire et c'est, de nouveau, le signe du Bélier. Ainsi le Zodiaque, ceinture de constellations qui autour de notre globe terrestre semble tourner sans fin, agit en dernière analyse sur nos destinées, en nous replaçant au sein de la nature.

La légende grecque

Pour préciser et concrétiser le sens symbolique du Verseau, rendons-nous les observations plus faciles, en nous appuyant, comme nous l'avons fait pour chaque signe, sur la mythologie gréco-latine.

Héra (Junon, pour les Latins), épouse de Zeus (Jupiter), avait un fils, Héphaïstos (Vulcain), si laid qu'elle le chassa de l'Olympe. Ce dernier se plaignit à son père qui, en compensation, lui proposa d'exaucer le vœu qu'il lui adresserait. Héphaïstos souhaita épouser Athéna, elle-même fille de Zeus. Héphaïstos ne put s'unir à Pallas (Athéna), l'inattaquable, mais il procréa avec Géa (la Terre) et ils eurent un enfant que Pallas (Athéna) éleva et qui s'appela Erichtonos. Ce dernier symbolisait la sagesse à son apogée. Adulte, il rencontra Callirhoé. Le nom de Callirhoé signifie : « celle qui s'écoule harmonieusement ». Elle eut, avec Erichtonos, une fille Oréïthia; elle était très belle et très sage. Comme elle allait puiser de l'eau, Poséidon (Neptune) la vit et l'aima. Il se changea en cheval et la transforma en splendide cavale. Puis ils s'unirent avec passion. A leur place, on retrouva, près de la source, deux chevaux : l'un en or, Xanthos; l'autre noir, avec les quatre sabots blancs, Podargyre.

Ce mythe, qui évoque sagesse, harmonie et source, semble convenir au signe du Verseau. Il était nécessaire que le Verseau fût issu d'un être de sagesse : Erichtonos, élève d'Athéna. Il fallait aussi qu'il unît, dans un symbole unique, Géa, la Terre, avec Poséidon, les océans, car ce sont les deux essences de notre univers actuel.

Les deux chevaux restant en ce monde sont là pour que nous sachions toujours séparer le rêve (le cheval d'or) de la réalité (le cheval noir).

Une seconde légende de la mythologie grecque vient illustrer le Verseau plus concrètement, par le symbolisme d'un serviteur chargé de désaltérer les dieux de l'Olympe, le jeune et beau Ganymède, berger selon les uns, fils de roi selon les autres. Zeus-Jupiter l'aperçut et le trouva si beau qu'il se transfor-

ma en aigle et l'enleva dans les airs jusqu'à l'Olympe, séjour des dieux. Là, et pour l'avoir souvent devant son regard, il le fit échanson, c'est-à-dire qu'il le chargea de servir à boire aux déesses et aux dieux; leur boisson, le nectar, conservait à ceux qui en buvaient, une éternelle jeunesse. Aujourd'hui, les natifs du Verseau ont le goût de répandre, comme une eau bienfaisante, les bases de la Connaissance; c'est l'explication des choses, de leur origine, de leur fin. Cette science se situe hors du temps; ceux qui savent beaucoup de choses ne s'abaissent plus à compter les années qui passent sur eux; en s'intéressant à une science éternelle, ils ont pris l'habitude de penser au niveau de l'humanité, considérée dans son ensemble, comme un immense être vivant qui ne vieillit pas, mais qui est susceptible de progrès. Le Verseau a le don de répandre ce nectar d'éternelle jeunesse.

Les natifs de ce signe sont marqués par ce besoin qui est en eux de s'intéresser aux problèmes les plus vastes, à leur niveau, naturellement, car tout le monde n'est pas à la hauteur du Prix Nobel, mais néanmoins ils en sont nettement caractérisés. Pour eux, ce qui compte c'est apparemment les autres, avant eux-mêmes, avant leur femme et leurs enfants. Nous venons de voir au chapitre précédent que, ce faisant, ils incluent femmes et enfants dans le groupe des bénéficiaires de leur générosité. C'est ainsi qu'il faut les comprendre.

Les grandes ères universelles

Le déroulement des mythologies, disions-nous dans le premier volume de cette série *les Signes du Zodiaque,* le déroulement des religions, des images, des symboles, des civilisations, de la progression de l'humanité telle que nous la connaissons, telle

---

Athéna, patronne des Arts et des Sciences. Bronze attique du Ve siècle (musée d'Athènes).

que les archéologues l'ont déchiffrée, laissent apparaître le phénomène suivant : par période de deux mille cinq cents ans environ, toutes les expressions de la pensée ont été axées sur un symbole précis, qui se trouve correspondre à l'un des signes du Zodiaque. L'humanité traverse donc successivement de longues périodes assez uniformes qu'on appelle des ères. Peut-on les définir autrement ? Cette division du temps est-elle justifiée ?

On entend beaucoup dire, depuis quelques années, que nous quittons l'ère des Poissons pour entrer dans l'ère du Verseau. Si on lit des ouvrages spécialisés sur l'histoire des religions, on constate qu'avant l'ère des Poissons, régnait l'ère du Bélier, et avant elle, l'ère du Taureau, la plus ancienne sur laquelle on possède actuellement des certitudes. Mais toutes les hypothèses tendent à prouver qu'existait une ère des Gémeaux et on pourrait sans doute remonter au Cancer et au Lion; ce dernier pourrait être le feu originel.

La civilisation de l'île de Crète et Minos appartenaient à l'ère du Taureau. Les cornes du Taureau ornaient la place de la ville et l'animal figurait dans toutes les décorations. A la même époque, l'Égypte pratiquait une religion du Taureau. Dans beaucoup de pays, on retrouve des traces de ce mythe du taureau. Puis, brusquement, on parle de Bélier, de berger, de troupeaux. Plus tard, à l'orée de l'ère chrétienne, les mythes se fondent sur les Poissons. Les premiers chrétiens dessinaient un poisson pour marquer leurs lieux secrets de réunion et le Christ disait à ses apôtres : « Je ferai de vous des pêcheurs d'hommes », alors qu'il eût dit quelques siècles plus tôt qu'il en ferait des pasteurs.

Interprétation symbolique de l'univers. Le Livre des merveilles du monde, *manuscrit persan du XIVe siècle.*

La précession des équinoxes

Une remarque s'impose : les ères semblent se dérouler sous les signes du Zodiaque, mais elles les remontent au lieu d'en suivre le cours normal. Selon la logique de notre esprit humain, on devrait avoir après l'ère du Bélier, celle du Taureau, puis celle des Gémeaux, etc. Or, on a eu l'ère du Taureau, puis tard l'ère du Bélier, plus tard l'ère des Poissons et nous entrons dans celle du Verseau. Donc, on « remonte le cours » du Zodiaque.

Qu'est-ce que le Zodiaque ?

On sait depuis l'école primaire que la Terre tourne autour du Soleil et, en même temps, tourne sur elle-même, autour d'un axe théorique nord-sud. C'est simple. Mais pour l'Astrologie, qui ne s'intéresse qu'à l'homme même, ce qui importe n'est pas ce qui existe, c'est ce que cet homme voit. Or, vous qui êtes simplement un être humain sur la Terre, que voyez-vous, en fait ? Le jour, vous voyez le Soleil faire le tour de la Terre, ou tout au moins, se lever sur la ligne d'horizon à l'est et se coucher à l'ouest. La nuit, vous voyez une voûte, un dôme, constellé d'étoiles. Et vous vous rendez compte que selon les saisons, ce ne sont pas les mêmes étoiles, les mêmes planètes, les mêmes constellations, qui passent dans le ciel aux mêmes heures.

Les planètes, appartenant comme la Terre au système solaire, se déplacent dans notre ciel, mais ne sortent jamais d'une bande qui entoure notre Terre comme une ceinture, et qui constitue le Zodiaque. Elle n'est pas importante par rapport à l'ensemble du ciel, elle se mesure en degrés d'arc, et on constate qu'elle ne dépasse pas 17°.

La route que parcourt apparemment le Soleil, et qui est à peu près immobile, s'appelle l'écliptique. C'est une ligne qui peut être dessinée sur un plan, et ce plan se révèle incliné de 23° par rapport au plan de l'Équateur.

Maintenant, projetez dans le ciel l'Équateur terrestre; il forme une ligne circulaire qui partage le Zodiaque en deux : comme si la ceinture avait une ligne médiane dans sa longueur. Or, on s'est aperçu que l'écliptique croisait l'équateur céleste en deux points. Le Soleil se lève exactement à l'emplacement d'un de ces points le 21 mars, on l'appelle le point vernal ou point gamma. C'est, par rapport à nos saisons, l'équinoxe du printemps.

On pensait pouvoir prendre ce point vernal comme repère fixe pour tous les calculs astronomiques, l'Astrologie s'appuyant sur l'Astronomie. L'importance de ce point est donc universelle. Or, on a constaté que ce point vernal n'est pas très ferme. Cela mérite une explication.

Les faits et leur apparence

La Terre tourne autour du Soleil en trois cent soixante-cinq jours environ et chacun de ces jours consiste en un tour complet de la Terre sur elle-même, autour de son axe nord-sud. C'est bien connu, mais cela n'apparaît pas aux yeux de celui qui observe en toute simplicité le spectacle offert.

Celui qui passerait une nuit entière par temps clair à regarder le ciel et les constellations, verrait, à l'aube, poindre le Soleil sur la ligne d'horizon et, en ce point, son éclat masquer la constellation qui s'y trouvait. Celle-ci, formée d'une sorte d'archipel d'étoiles qui n'appartiennent pas au système solaire, mais sont infiniment plus éloigées dans le ciel, porte un nom. Par exemple, le Bélier. On dit que le Soleil « se lève dans le Bélier ». A l'aube suivante, le Soleil se lèvera en un même point par rapport à un repère terrestre, montagne ou clocher, mais ce sera un point différent par rapport à la constellation. Au bout de trente jours, on changera de constellation.

Février. Les Très Riches Heures du duc de Berry, *XVe siècle (musée Condé, Chantilly).*

Après le Bélier, le Soleil se lèvera dans le Taureau, et ainsi de suite. Au bout de trois cent soixante-cinq jours, il se lèvera de nouveau pour la première fois de l'année dans le Bélier, et on sera de nouveau le 21 mars. Ce premier degré du Bélier c'est donc le point vernal, point de départ de tous les calculs astronomiques et astrologiques.

Les difficultés commencent dès qu'on se met à constater avec plus de précision les durées. L'année n'est pas de trois cent soixante-cinq jours; elle dure trois cent soixante-cinq jours, cinq heures, quarante-huit minutes, quarante-neuf secondes et six dixièmes. Simplement. Et de là surgissent bien des complexités. La plus évidente, c'est que chaque année, au 21 mars, le Soleil ne se lève pas exactement à la même place, en face du point vernal, mais un peu en arrière de ce point. Il « prend du retard » sur l'horaire prévu, et se trouve devancé par l'équinoxe.

Ce phénomène, appelé « précession des équinoxes », est-il important ? Dans la vie quotidienne, certainement pas. Mais dans la vie universelle, oui.

Le point vernal recule sur l'équateur zodiacal. Il change de signe. Et quand il passe d'un signe à l'autre, le monde passe d'une ère à l'autre. On a calculé que le point vernal fait le tour complet du Zodiaque en deux cent soixante siècles environ. Cela fait vingt-six mille ans. Cette période se divise en douze laps de temps, une par signe du Zodiaque, et ce sont ces Douzièmes qui sont les ères.

Actuellement, le jour de l'équinoxe de printemps, le Soleil se lève dans le signe du Verseau.

Le point vernal recule sur l'équateur zodiacal. Il ne recule pas à une vitesse qui nous soit sensible, loin de là. Mais entre le commencement de l'Astrologie, dans la haute Antiquité, et le temps d'Hipparque, au IIe siècle avant Jésus-Christ, le décalage se révéla assez remarquable pour que ce célèbre astrologue fît cette découverte qui le rendit définitivement célèbre.

En fait, il faut deux mille cent soixante ans pour que le point d'où le Soleil paraît se lever sur notre horizon parcoure tous les degrés d'un signe et entre dans le signe suivant.

Que signifient alors les noms des signes du Zodiaque ? Comment peut-on dire que tel sujet est né sous tel signe, si rien n'est fixe ?

Deux justifications sont en fait recevables.

La première est fondée sur une hypothèse : ce ne seraient pas les planètes formant la constellation dont le signe zodiacal porte le nom qui influencerait le natif du signe, mais le cours normal de l'ensemble de la vie sur la Terre au sein duquel la personnalité du sujet vient s'insérer en bonne harmonie. C'est sur cette hypothèse que sont construites les études contenues dans cette série sur *l'Interprétation de votre signe*.

La seconde est fondée sur ce qu'il est convenu d'appeler l'inconscient collectif : assemblage de traditions, de coutumes, de croyances, d'observations qui influent sur le psychisme de chacun de nous et créent des archétypes. Mais cette seconde hypothèse exige que le sujet soit en mesure de raisonner et en mesure de se souvenir. Ce n'est pas le cas des animaux. Or, les animaux peuvent manifester une certaine influence zodiacale.

Donc, je préfère la première hypothèse, bien que je ne réfute pas la seconde.

Pour répondre à une question que mes lecteurs ne manquent certainement pas de se poser, il faudrait maintenant tenter d'envisager quelles modifications du comportement des êtres humains peut provoquer le passage de l'ère des Poissons à l'ère du Verseau.

Conséquences d'un changement d'ère

Le Verseau peut-il apporter autre chose que des symboles, des cultes, des courants d'idées ? Certainement. Le point vernal se trouve en réalité dans le Verseau, cela ne peut pas être sans effets. Mais qui peut prévoir ce que seront ces effets ?

Disons que l'ère du Verseau, par le fait que son symbole est un homme, sera une ère ou l'Homme verra sa destinée se parfaire. De plus, cet être mythique est un « sage », qui transmet sa sagesse et son savoir comme une eau bienfaisante; on peut donc supposer que l'ensemble de l'humanité bénéficiera de la sagesse des plus évolués. On constate, d'ores et déjà, que le délire rationaliste s'est calmé; la folie industrielle commence également à s'apaiser et un équilibre s'installe, qui entraîne toute une partie de la jeune génération du monde civilisé à revenir vers certains aspects du passé et, aussi, à étendre au monde animal et végétal la bienveillance jusqu'ici réservée au monde humain. Une « osmose » semble se dessiner, selon le terme utilisé par Jacques Helbronn entre la tradition et la science.

L'interprétation des signes par un astrologue de l'Antiquité.

Chapitre III

L'explication astrologique du signe du Verseau

Situons avant tout l'expression « signe du Verseau ». Chacun des signes du Zodiaque est une portion d'un cercle divisé en douze parties égales, dont chacune est désignée par le nom d'une constellation devant laquelle elle se trouve placée.

Les sujets nés pendant la période où, théoriquement, le Soleil se lève devant le signe du Verseau, n'en possèdent pas tous les caractères dans leur intégralité; en effet, la transition est insensible, et les natifs du premier décan sont influencés par le signe précédent : le Capricorne, tandis que les natifs du troisième décan sont très proches des natifs des Poissons.

Par ailleurs, le système solaire, qui constitue notre famille, au sein de l'univers cosmique, comporte une dizaine de planètes en plus de la Terre et de son satellite, la Lune.

Ces planètes éclairées par notre Soleil

Ce sont là les astres qui nous intéressent pour dresser la carte du ciel de chacun de nous. Ils n'appartiennent pas aux constellations qui ont donné leur nom aux signes du Zodiaque. Leur propre constellation ne pourrait se voir que d'une planète située hors du système solaire, beaucoup plus loin dans l'espace infini.

Nos planètes voisines et familières sont, outre le Soleil et la Lune, Mars, Mercure, Jupiter, Vénus, Saturne, Uranus, Neptune et Pluton.

Ces astres paraissent se déplacer dans le ciel à des vitesses différentes, variant en fonction de la distance qui les sépare du Soleil et de notre planète Terre. La Lune fait le tour du Zodiaque en vingt-sept jours; elle se déplace à la vitesse moyenne de 13° par jour. Mercure et Vénus, plus lents, parcourent, eux, un seul degré par jour. Mars encore plus lent, avec un demi degré par jour, accomplit sa révolution autour du Zodiaque en deux ans. Les astres en apparence les plus lents viennent ensuite : Jupiter fait son parcours en douze ans; Saturne, en vingt-neuf ans et six mois; Uranus, en quatre-vingt-quatre ans; Neptune, en cent soixante-quatre ans. Viennent enfin les plus récentes découvertes : Pluton met deux cent cinquante ans à faire le tour du Zodiaque; Proserpine, une planète si lointaine de nous qu'elle n'est jamais nommée, parce qu'on en ignore encore l'influence, met six cent cinquante ans.

Pour déterminer le thème astrologique d'une personne, il faut d'abord préciser en quel point de la Terre elle se trouve. Par exemple, pour analyser le caractère, on considère le ciel de la naissance du sujet. Il faut connaître la date et l'heure réelle de cette naissance, ainsi que la latitude et la longitude de son lieu de naissance.

La position des planètes par rapport au Zodiaque est donnée par des tables appelées éphémérides, que l'on trouve dans les librairies spécialisées.

Ces documents indiquent, pour une date donnée, la position des planètes par rapport au Zodiaque, et l'on peut en déduire leur position au moment de la naissance du sujet.

On peut alors tracer la carte de son ciel de naissance et en déduire son thème astrologique. C'est ce travail que font les astrologues. Comme il faut une certaine aisance dans la manipulation de ces données, plus on est expérimenté, plus on a des chances de ne pas se tromper.

Le signe du Zodiaque est désigné par le nom d'une constellation et il fut un temps où l'on tenait compte de l'influence des principales planètes de cette constellation pour interpréter le signe. Ce ne semble plus être aujourd'hui un usage généralisé. Toutefois, certaines planètes jouent un rôle important, ce sont celles du système solaire.

Ou bien elles ont une telle influence, qu'elles gouvernent le signe, et on dit qu'elles y ont leur « domicile ». Ou bien elles sont influentes et on les dit « en exaltation ». Ou bien elles n'ont que peu de pouvoir, et elles sont « en exil », ou, enfin, elles ont une influence négative et elles sont « en chute ».

Voici, pour éclairer ce propos, une liste des signes avec la situation correspondante des planètes.

Signe	*Domicile*	*Exaltation*	*Exil*	*Chute*
Bélier	Mars	Soleil	Vénus	Saturne
Taureau	Vénus	Lune	Mars	
Gémeaux	Mercure		Jupiter	
Cancer	Lune	Jupiter	Saturne	Mars
Lion	Soleil		Uranus	
Vierge		Mercure	Neptune	Jupiter
Balance	Vénus	Saturne	Mars	Soleil
Scorpion	Pluton		Vénus	Lune
Sagittaire	Jupiter		Mercure	
Capricorne	Saturne	Mars	Lune	Jupiter
Verseau	Uranus		Soleil	
Poissons	Neptune et Jupiter	Vénus		Mercure

En ce qui concerne le Verseau, quelle est la situation ? La planète qui gouverne le signe est Uranus. Cela peut avoir une grande signification.

Uranus met de l'ordre dans le chaos. Or, nous n'avons pas l'impression de nous trouver actuellement dans le chaos; aussi certains auteurs ont-ils émis l'hypothèse que l'ère du Verseau verrait un nouveau chaos en vue de l'instauration d'un nouvel ordre.

Ce sont les astrologues qui, par une étude serrée

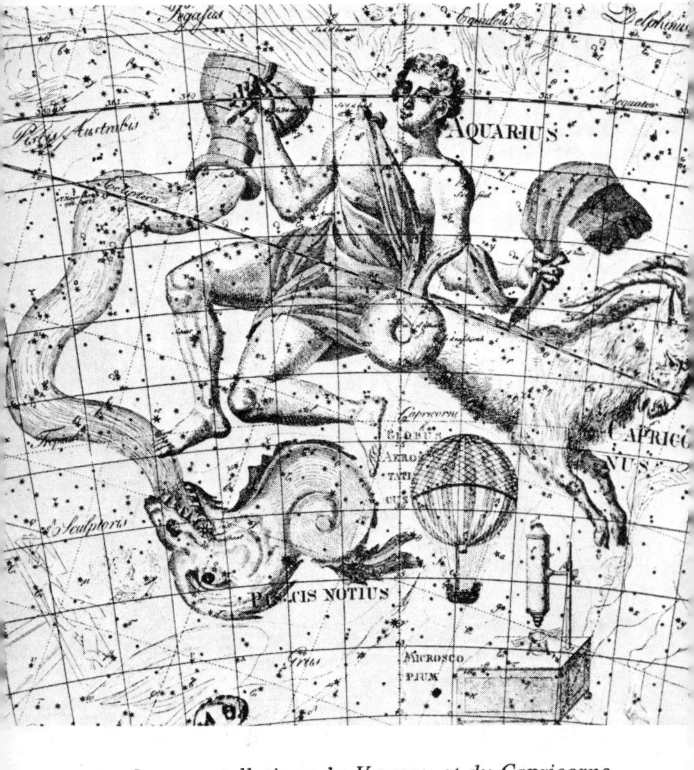

Les constellations du Verseau et du Capricorne.
Atlas de Flamsteed, 1729.

des positions planétaires, nous le diront. Ces prévisions nous concernent.

Nous dirons ici que la présence d'Uranus comme planète gouvernant le signe du Verseau signifie, pour les natifs du signe, une tendance à remettre en question les traditions, l'ordre établi, tout ce qui peut se rapporter au conformisme. Si le Soleil est en exil dans le signe, cela signifie que les élans qui pousseraient le natif à s'intéresser à l'humanité, en tant que race vivante à perpétuer, seraient rarement issus du cœur, mais plutôt issus d'une conception intellectuelle du devoir.

Les bases de l'interprétation

Toute interprétation d'un thème astrologique commence par une étude sur le caractère du consultant. Cette étude est fondée sur la date de naissance, d'où l'on déduit le signe du Zodiaque dans lequel se trouvait le Soleil, ou signe solaire. Il faut connaître aussi le lieu exact et l'heure de la naissance, informations à partir desquelles on recherche le signe zodiacal qui se levait sur l'horizon en ce lieu et à cet instant, et qui est le signe ascendant. Le signe solaire indique les bases de la personnalité psychologique; l'ascendant fait connaître la nature des tendances et des impulsions qui sont venues par la suite modifier la personnalité première du sujet. Enfin, il faut étudier la présence ou l'absence de planètes, et leurs positions respectives, qu'on appelle les « aspects ».

Parmi les planètes, il en est toujours une qui domine le thème. Elle donne sa couleur à la psychologie du sujet.

L'usage, la tradition, les statistiques ont permis de déterminer quelle est l'influence de chaque planète et, comme tout est harmonie dans l'univers, on connaît maintenant les liens qui unissent les diverses informations fournies par un thème astrologique.

Les rapports et les harmonies existant en Astrologie sont complexes et s'entrecroisent. C'est ainsi que nous avons vu plus haut qu'à certaines qualités correspondaient l'un des quatre éléments, et qu'à cet élément correspondaient trois signes du zodiaque et plusieurs planètes.

Non seulement les planètes sont liées aux quatre éléments et aux signes du Zodiaque, mais elles agissent sur la psychologie du natif de ce signe. Ces correspondances se retrouvent en lisant attentivement notre commentaire sur les éléments.

Passons maintenant en revue les planètes de notre système solaire, pour envisager les influences qu'elles ont sur les êtres humains, plus particulièrement les modifications que leur présence apporte aux données de base fournies par le Zodiaque quand rien n'en contrarie l'influence.

Le Soleil

Le Soleil a le Feu pour symbole. Cette planète sera donc bien placée dans les signes du Zodiaque qui relèvent de l'élément Feu : le Bélier, le Lion et le Sagittaire. Le Soleil, c'est la force vitale, le cœur de l'homme. Il est, dans le domaine moral, la conscience et l'idéal humains. Il représente celles de nos qualités qui nous distinguent des animaux : l'héroïsme, la volonté dirigée, la grandeur d'âme.

Socialement, c'est la réussite, avec les honneurs et la gloire.

Le sujet marqué par le Soleil a une psychologie secondaire, il s'extériorise volontiers, il est éminemment sociable, il a le goût de la perfection et de l'autorité. Il a toujours beaucoup d'influence sur son entourage et ne passe jamais inaperçu.

Physiquement, il est plutôt grand, mince et toujours musclé.

Carte d'un jeu de tarot.

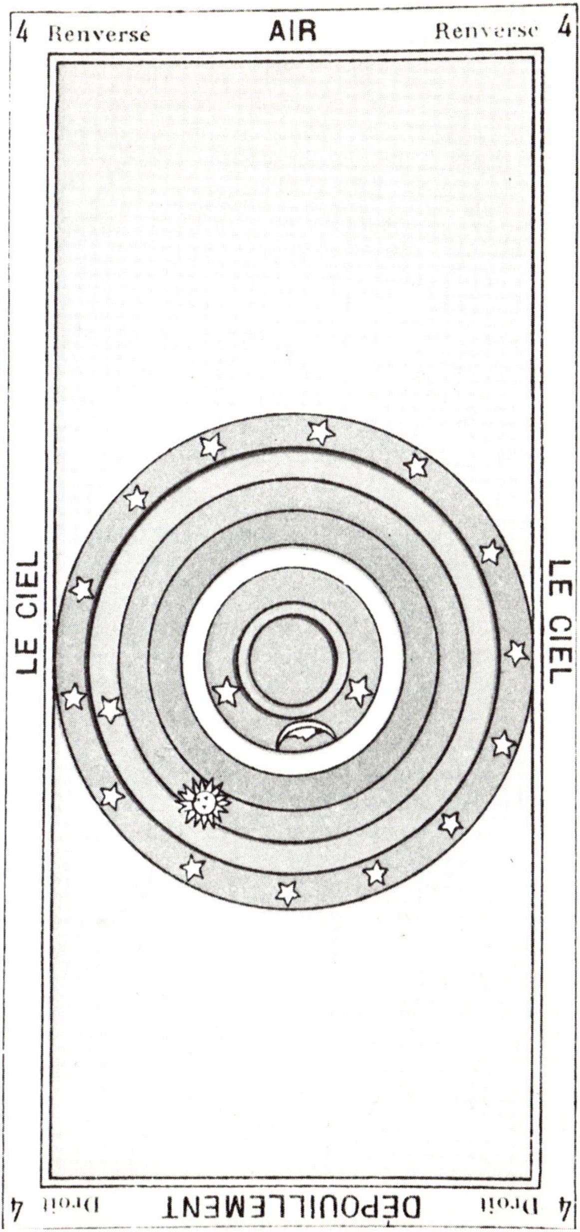
4 Renversé
AIR
Renversé 4
LE CIEL
LE CIEL
4 Droit
DÉPOUILLEMENT
Droit 4

On examine la position du Soleil dans le thème individuel pour préciser de quelle façon le sujet participe à la vie sociale, quel est son idéal et par quelles voies il peut l'atteindre, quel est son génie créateur et la force de sa volonté.

On peut aussi préciser s'il est objectif, jauger le niveau de sa conscience morale et, enfin, définir sa fonction d'homme par rapport à l'élément féminin.

Dans le Verseau, le Soleil n'a d'autre influence que de donner au natif de ce signe les caractères définis comme étant ceux du signe et que nous donnons en détail dans le chapitre suivant. L'activité du Soleil est plus marquée dans les signes qui sont les siens. Dans le Verseau, il est dit en exil, car son influence n'est pas puissante.

La Lune

La Lune est lumineuse parce qu'elle reflète le Soleil; elle est appelée planète parce qu'elle est si près de la Terre qu'elle y a une grande influence. En réalité elle n'est qu'un tout petit satellite...

La Lune influence le rêve, l'imagination, la mémoire, la faculté d'adaptation inconsciente à la vie.

Son élément est l'Eau. Le sujet influencé par la Lune est un fantaisiste, non armé pour la lutte, qui contourne les obstacles et ne cherche pas à les surmonter. Il est doté d'une grande sensibilité; il est émotif, passif et d'une psychologie primaire, ce qui veut dire qu'il reste sur la première impression. Sa vie intérieure est profonde. Étudiée dans le thème individuel, l'influence de la Lune agit sur la façon dont le sujet ressent sa vie intime, ses souvenirs d'enfance, sa famille et son épanouissement intérieur. On pourra préciser la part qu'il donne au rêve, à l'imagination, à la routine; on étudiera sa vie végétative. S'il s'agit d'un homme, on étudiera ses rapports avec les femmes, et s'il s'agit d'une femme, comment elle assume sa condition féminine.

Quelle est l'influence de la Lune dans le Verseau ?

C'est la spiritualisation, qui transforme la vie instinctive, qui laisse espérer la possibilité d'atteindre la grâce. Elle peut indiquer des aspirations abondantes et diverses, mais tourmentées, compliquées.

Mars

Mars est la planète de l'agressivité sous toutes ses formes, qu'elle soit ou non justifiée. C'est une grande force, car elle permet la lutte, puis la victoire.

Son élément est le Feu. Le sujet qui se trouve sous son influence possède un physique nettement dessiné, un visage carré, le nez et le menton proéminents, un regard vif et perçant. C'est un tempérament bilieux, très extraverti et, psychologiquement, il peut se classer dans les primaires, parce qu'il cède à son premier mouvement. Ses impulsions sont énergiques, il est fort, physiquement parlant, franc, ardent, autoritaire, mais respectant la hiérarchie.

Il a une grande puissance de travail, ce qui lui permet d'avoir des ressources correctes. Il a une vie physique intense, ayant besoin d'activités en plein air. C'est un réaliste.

On étudie Mars dans le thème individuel en vue de préciser le degré d'énergie disponible, le degré d'agressivité et de combativité du sujet. On tente de déterminer le domaine de vie où ces tendances joueront avec le maximum de force et si les effets en seront bénéfiques ou maléfiques dans la vie du sujet.

Mars dans le Verseau, c'est le regroupement de toutes les formes d'agressivité du sujet en vue d'une conquête spirituelle, ou d'une affirmation non encore prouvée.

Si cela ne se manifeste pas, la présence de la

Planche gravée extraite d'un traité d'astrologie. Hollande, XVe siècle.

planète peut annoncer une crise d'amitié, une lutte entre frères.

Mercure

Mercure était le messager des dieux; il portait des sandales ailées. Il personnifie parfaitement les dons que favorise la présence de cette planète dans un thème astrologique.

Celui qui est sous l'influence de Mercure est d'allure jeune, et vif dans ses mouvements; c'est un être essentiellement mobile, qui aime les déplacements, la vie en société, les conversations, les informations. Il est essentiellement adaptable, tantôt introverti, tantôt extraverti, toujours curieux de tout, il n'arrive pas à se fixer dans une seule direction. Il n'est pas très sentimental et ses relations sont de nature cérébrale, même en amour. Il parle bien et volontiers, et est particulièrement adroit dans la discussion, trouvant immanquablement l'argument qui emporte la décision. Il représente l'intellectualité, c'est-à-dire le style de travail de l'intelligence.

On l'étudie dans le thème astrologique individuel pour préciser l'utilisation que fait le sujet de ses capacités intellectuelles, pour préciser les rapports avec l'entourage, pour déterminer la position affective du sujet vis-à-vis de ses frères, sœurs et collatéraux, de ses collaborateurs.

Mercure, dans le Verseau, fait prévaloir tout ce qui a rapport avec le travail intellectuel, et cela peut aller, selon les autres aspects du thème, de la spéculation ésotérique à l'esprit inventif. Il tente d'orienter le sujet vers son émancipation, vers de nouveaux horizons.

Naturellement, il faut considérer ses aspects avec d'autres planètes qui peuvent se trouver dans ce thème, comme on peut le faire pour toutes les planètes dont nous faisons ici l'énumération. Selon les divers aspects, favorables ou dissonants, l'action de la planète est légèrement modifiée.

Jupiter

On l'appelait le « Grand Bénéfique », c'est-à-dire que jamais on ne l'a cru redoutable, ni difficile. Sa présence dans un thème annonce d'excellentes perspectives et de grands avantages. Bien entendu, il faut que les autres éléments du thème annoncent la possibilité de profiter de ces dispositions favorables et que rien ne s'y oppose.

Celui qui naît sous l'influence de Jupiter appartient au type dilaté. Il est d'ailleurs d'allure joviale et sympathique; il inspire le respect. Son comportement est extraverti et il a beaucoup de succès dans ses relations personnelles.

Conformiste, il fait partie de ceux qui « en cas de coup de balai se mettent du côté du manche ! » Il désire se tenir toujours dans la légalité et déteste le scandale.

On l'étudie dans le thème individuel en vue de préciser les possibilités de développement du sujet et, à l'intérieur de la légalité, le domaine où il aura sa chance de fortune. On y recherche aussi son optimisme, son sens social, son intégration dans la vie en général.

S'il est bien aspecté par rapport à Saturne, il indique un succès solide.

Dans le Verseau, Jupiter représente souvent des tendances généreuses : bonté, humanité, philanthropie.

Vénus

C'est l'étoile du berger. Celui qui se trouve placé sous son influence apprécie les agréments de la vie et aime en jouir pleinement. Il ressent les choses plutôt qu'il ne les apprend. Pour lui, tout passe par le cœur, par la sensibilité. Il n'aime pas la solitude. Son visage est charmant et original, toujours doux. Il est peu dynamique, qu'il s'agisse d'un homme ou d'une femme et, quand il cherche une profession, il la choisit parmi celles qui s'attachent à la beauté : l'esthétique, la décoration, etc.

Le vénusien paraît avoir de la chance; cela vient de son amabilité et de sa bonne grâce, qui lui attirent les sympathies. Il n'en faut pas davantage.

On étudie la planète Vénus dans un thème individuel, pour apprécier l'affectivité du sujet, homme ou femme, ses besoins amoureux, sa bonté, ses sentiments. On cherche également à définir son sens de l'harmonie et ses besoins esthétiques ou artistiques.

Vénus, dans le Verseau, apporte une nuance délicate et difficilement perceptible de la sensibilité du sujet; elle est légère, gracieuse, de nature spirituelle et élevée, comme à la recherche d'une sérénité nouvelle.

Saturne

Saturne est un astre d'aspect froid et qui, en réalité, dispose du temps; il a le don de ralentir les activités, et surtout de retarder les solutions.

C'est un signe de Terre, mais qui n'est pas lié aux joies païennes, aux festivités, sauf dans le cas très particulier des Saturnales, qui rappelaient l'âge d'or.

Celui qui est sous l'influence de Saturne est nerveux, longiligne, de traits anguleux, avec un teint gris, l'air renfermé et l'œil sombre. Il a quelques rides précoces et les lèvres minces, avec la bouche tombante. Il adore les bonnes choses, mais elles ne lui conviennent pas, alors il s'en prive et tout son caractère s'en ressent. Il a, en général, une mentalité de frustré, même s'il vit dans l'opulence.

Saturne. *Gravure allemande du XVe siècle.*

On croit qu'il n'est pas émotif, c'est parce qu'il cache son jeu. En réalité, il est bouleversé par ses émotions intérieures, et nul plus que lui ne peut être qualifié d'écorché vif.

Il est introverti. Il dispose de force et de patience et peut travailler avec ardeur. En revanche, on ne peut pas dire qu'il soit favorisé par la chance; aux jeux de hasard il perd tout ce qu'il veut.

Saturne dans le Verseau annonce des épreuves au cours desquelles la personnalité du sujet va se dépouiller de tout ce qui lui est superflu; il ne conservera que l'essentiel, vivant de peu de mouvements et de peu de sentiments, en économisant de l'énergie. On remarque souvent un sincère détachement des biens matériels et une orientation nettement spirituelle.

Uranus

Uranus, l'Ouranos des anciens, apporte le goût des changements, l'amour du progrès matériel.

Les découvertes modernes permettent d'inventer des méthodologies qui « logicisent » tout (qu'on me permette cet étrange néologisme), c'est-à-dire qui expliquent tout par le raisonnement logique. Uranus explique et permet de réaliser.

Il n'existe pas de morale pour cet astre : le progrès n'en a pas. Il doit marcher et si, ce faisant, il écrase quelques faibles créatures vivantes, il l'ignore, car s'il en avait connaissance et, à plus forte raison, s'il en était troublé, il n'avancerait plus, ce qui serait contraire à toute la logique universelle.

On déclare qu'à l'approche de l'ère du Verseau, Uranus pourrait aussi bien nous conduire à notre perte définitive et totale par l'atome. Ce n'est pas l'opinion qui prévaudra ici. La mission d'Uranus est le progrès, l'instauration d'un ordre nouveau, certainement pas la destruction. Il faut donc en conclure que, même si les expériences atomiques, l'utilisation de l'atome produisent des phénomènes dangereux pour l'humanité, elles n'en détruiront pas pour autant l'humanité ; il restera toujours assez de survivants pour chanter la gloire des morts, pour fonder de nouveaux foyers et pour créer de nouvelles familles.

L'uranien, en principe, est de tempérament bilieux – nerveux. Il est extraverti et raisonne par intuitions soudaines. Il est toujours tendu et brûlé d'un feu intérieur qui n'est pas sans rappeler le feu cardiaque dont brûle le type placé sous l'influence du Soleil.

Très actif, il semble qu'il se soit donné surtout pour but de consolider sa personnalité, de se distinguer en tant qu'individu, et de marquer nettement sa propre existence en tant qu'unité indépendante.

C'est un caractère qui ne s'adapte pas, il attend que les autres s'adaptent à lui, ou reste indifférent. Sa mentalité est un peu cynique, parce qu'il est logique, intolérant, systématique au suprême degré ; il n'admet pas d'avoir quelquefois tort.

Sur le plan des sentiments, il réduit l'amour à ses côtés charnels. A-t-il un cœur ? Il ne le laisse pas deviner.

Il est matérialiste, technicien et même technocrate, partisan des sciences exactes, de questions matérielles et des records.

On étudie les aspects d'Uranus dans le thème individuel pour définir l'indépendance du sujet, les difficultés naissant de son refus de s'adapter, son esprit protestataire et sa projection vers l'avenir, dans un sens qu'il considère comme le seul bon, et qui est nettement matérialiste.

Ce sont ces tendances techniques et révolutionnaires qu'exprime la présence d'Uranus dans le Verseau.

Neptune

Cette planète a été découverte à une date relativement récente et elle correspond à des découvertes techniques relatives au monde marin, et même sous-marin, ce qui est assez pittoresque et rappelle le domaine de la divinité grecque dont cette planète porte le nom.

Celui qui se trouve sous l'influence de Neptune est essentiellement réceptif au milieu ambiant, il a peu de volonté et tend à se laisser porter par les faits et les événements plutôt que de les éviter. Il s'oppose dans chacun de ses traits à Uranus; il est irrationnel, possède peu de décision, se mêle à la foule; il est conformiste, et se forge de grands rêves humanitaires.

Au physique, la planète donne des yeux rêveurs, un visage rond, des traits peu marqués. Il est émotif, peu actif, et tantôt primaire, tantôt secondaire; il se distinguerait plutôt par l'imprécision de ses idées.

On l'étudie dans le thème individuel, parce qu'il indique le point fragile, délicat, sensible, la faille dans les barrages du psychisme; c'est un domaine de la personnalité où le sentiment individualiste cède le pas à un certain désir de se fondre dans la foule et de disparaître en tant qu'individu différencié.

Dans le Verseau, la présence de Neptune apporte une note d'étrangeté, d'imprécision quant aux idées et aux actes, de vague rêve idéaliste et humanitaire, mais incapable de devenir même un embryon de réalisation, sauf peut-être un récit de ces méditations.

Pluton

C'est le dieu des richesses souterraines et des métaux précieux ou non.

La planète qui porte ce nom est de découverte toute récente (1930) et on ne connaît pas encore l'étendue de ses effets.

Une scène de la Nef des fous : *les astrologues.*

Cette planète agit sur les sources d'énergie cachées qui sont en nous, et cette action va varier selon les aspects de la planète par rapport aux astres. L'apparition de cette planète peut avoir suscité les vagues modernes de retour aux sources de la formation psychique, à une éducation canalisant les énergies vitales secrètes dans un but de resserrement de la personnalité, s'opposant ainsi à la désagrégation que l'on a cru remarquer dans la société actuelle. Sa présence pourrait-elle faciliter le redressement des tendances et leur direction vers un but d'énergie utile au développement harmonieux de la personnalité ? On ne peut pas encore être trop affirmatif, mais tout permet de le supposer.

On étudie Pluton dans le thème individuel, pour définir où en est le sujet au point de vue de ce développement particulier qui mobilise les énergies instinctives et les ressources de l'inconscient et du subconscient.

Dans le Verseau, Pluton a certainement une influence de cet ordre, mais on ne saurait s'engager trop loin tant qu'on ne parle que de cas généraux.

La caractérologie et le thème astrologique

L'étude du thème personnel commence toujours par une définition de la caractérologie. On n'a pas établi une méthode « passe-partout » d'interprétation du thème, et c'est pour cette raison que notre série intitulée *les Signes du Zodiaque* ne peut s'exprimer qu'en termes généraux. En effet, il faudrait pouvoir considérer toutes les positions possibles des planètes, pour donner davantage de précisions. Mais si nous faisons seulement de la caractérologie, nous apportons certainement des éléments extrêmement utiles à ceux qui sont intéressés par la signification de leur signe de naissance.

Il est vrai que l'Astrologie, bien que certains de ses praticiens refusent de la classer parmi les arts divinatoires, n'est pas une science exacte. Cela tient surtout à ce que, dans l'interprétation de chaque thème individuel interviennent des nuances si subtiles, que l'on a peine à croire qu'il soit possible de le faire par ordinateur. L'indifférence de la machine convient mal à des définitions qui sont influencées par une telle quantité de détails.

L'art personnel de l'astrologue est déterminant. Beaucoup rejettent toute consultation électronique, de même que beaucoup de gens accueillent avec un grand scepticisme le projet de diagnostic médical par ordinateur.

Interpréter un thème, c'est définir une personne d'après ce qu'indiquent les éléments astrologiques que l'on possède à son sujet.

Parmi ces éléments de définition du consultant, outre les signes du Zodiaque et les planètes, nous avons un élément terrestre qui représente les différents secteurs de la vie de chacun : les Maisons.

Les Maisons

Au cours de la journée terrestre, par le fait de la rotation de la Terre sur elle-même, chaque signe du Zodiaque et chaque planète, outre leur position dans le ciel, passent par des secteurs établis pour représenter les différents aspects de la vie terrestre. Pour cela, on a imaginé la Terre comme une sphère qui est divisée en deux, transversalement, par son équateur. Puis, on a disposé, théoriquement, une division perpendiculaire à l'équateur, qui est le méridien. Considérons le méridien du lieu de naissance du sujet; pour cette personne, le méridien divise l'espace terrestre en deux parties, qui sont l'est et l'ouest. On a ainsi quatre fractions de sphère.

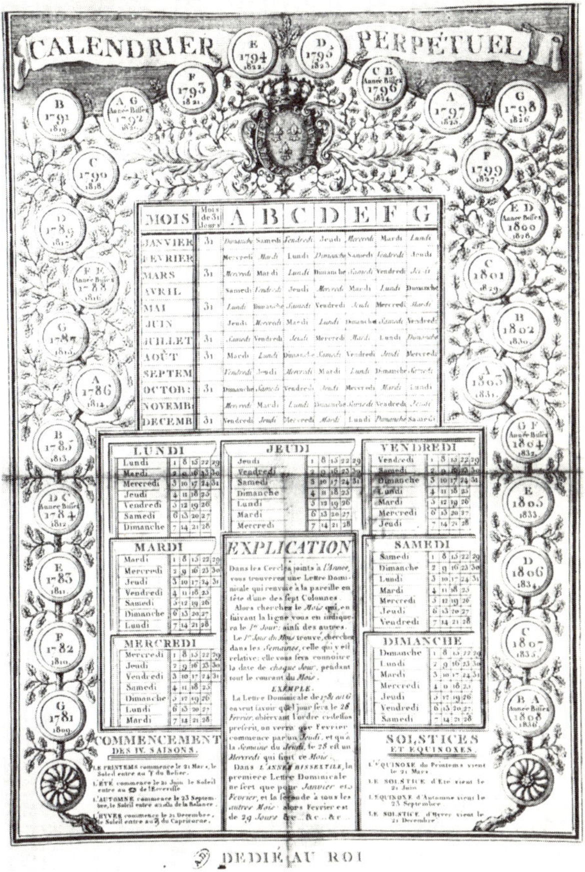

Calendrier perpétuel du XVIIIe siècle.

Le point le plus bas du méridien, au-dessous de l'horizon, est le Fond du Ciel; le point le plus haut, au-dessus de l'horizon, est le Milieu du Ciel. Ensuite, sur la ligne d'horizon, on a deux autres points, qui sont celui où le Soleil se lève, l'ascendant, et celui où le Soleil se couche, appelé le descendant.

Les quatre fractions de sphère ainsi déterminées ont été divisées chacune en trois parties, et cela fait douze secteurs appelés Maisons et numérotés de I à XII.

On a posé en principe que la Maison I commence sur la ligne d'horizon, en descendant au-dessous de cette ligne; la Maison IV tombe alors au Fond du Ciel; la Maison VII commence au point « descendant », et la Maison X commence au Milieu du Ciel. On voit que ces secteurs sont imaginés comme dessinés à la surface de la Terre. Quand la Terre tourne, ils passent donc à tour de rôle devant les signes du Zodiaque. A chaque période de l'année, les signes du Zodiaque, par rapport aux Maisons, se déplacent, et la Maison qui se trouvait en 1972 face au Verseau se situera l'année suivante, à la même époque, devant les Poissons.

Ces Maisons ont une compétence s'étendant à un domaine bien déterminé, et leur ensemble fait le tour de toutes les préoccupations d'une vie humaine. Voici leur liste, avec les questions intéressant chacune.

Maison I. Le « moi », prise de conscience, par le sujet, de son existence en tant que personnalité indépendante.

Maison II. Les biens matériels : ceux que possède le sujet, ceux qu'il acquiert, ses chances dans ce domaine.

Maison III. Les contacts, les rapports avec l'entourage immédiat : frères et sœurs, proches amis et parents. Communications, déplacements, études.

Maison IV. Constitution et stabilisation de la vie privée; rapports avec les parents, la famille. État du patrimoine.

Maison V. Le « moi » face aux loisirs, aux

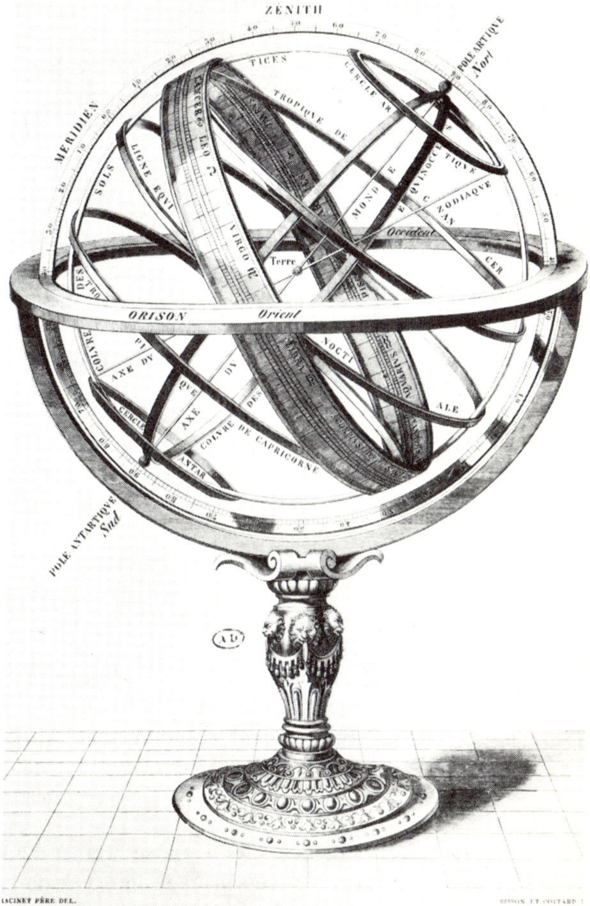

RACINET PÈRE DEL. BISSON ET COTTARD

SYSTÈME DU MONDE, D'APRÈS PTOLÉMÉE.

Calque d'une des planches de PRATIQUE ET DÉMONSTRATION DES HORLOGES SOLAIRES, par SALOMON DE CAUS. Paris, 1624, in-folio.

F. SERÉ DIREXIT

Horloge solaire du XVIIe siècle.

distractions, à l'art, au jeu, à l'amour. Procréation, enfants.

Maison VI. Limites et servitudes : le travail, les subalternes.

Maison VII. Le sujet face aux autres, la vie conjugale, les associations.

Maison VIII. La mort et les successions. Les transformations de la personnalité. L'érotisme. Les crises.

Maison IX. L'entourage lointain, les longs voyages, la spiritualité, les vocations religieuses.

Maison X. La place du sujet dans le monde, sa situation, sa carrière, consécration et honneurs.

Maison XI. Relations avec amis et personnalités protectrices. Grands projets du sujet.

Maison XII. Les éléments secrets de la vie du sujet, les inimitiés, les épreuves.

Si, après avoir longuement examiné les planètes, nous étudions les Maisons, c'est parce que la position d'une planète dans l'une des douze Maisons lui permet de concentrer son action dans le domaine que représente cette maison.

Par exemple, puisque la Maison II représente les biens terrestres, les acquisitions matérielles, si on y trouve Jupiter, on peut espérer une situation financière très enviable et prospère.

D'ature part, il existe, d'après les attributions des Maisons, une certaine affinité avec les planètes. C'est ainsi, par exemple, que la planète typiquement affective, Vénus, sera particulièrement bien à sa place dans la Maison V, qui concerne l'amour. Dans la Maison VII, l'union, elle facilitera le mariage, etc.

Les signes du Zodiaque, eux aussi, se placent dans les Maisons. Le signe de naissance, au moment de la naissance, sera forcément dans la Maison I. Il y restera un an.

Ce mouvement tournant qui fait passer tout à tour chaque signe zodiacal dans chaque Maison, fait que chacun de nous possède à un moment de sa vie sa chance maximale pour chacun des secteurs de la vie. Sa chance en amour, sa chance en argent, en santé, etc.

Ces divers éléments constituent le tissu de la destinée de chacun de nous. Tout en conservant notre libre-arbitre, nous sentons toujours nous-mêmes que nous sommes comme entravés dans chacun de nos actes et que, brusquement et sans qu'il semble que nous n'ayons rien fait pour cela, les obstacles disparaissent, le climat se modifie et tout devient plus facile, là même où tout était si pénible autrefois. Cette constatation est une puissante raison d'espérer pour ceux qui sont dans des difficultés telles qu'ils ont l'impression de ne jamais pouvoir s'en sortir.

Prenons un exemple. Supposons que nous voulions savoir ce qui arrivera à un jeune homme né le 30 janvier 1960 et, en particulier comment se déroulera pour lui l'année 1979.

A sa naissance, sa Maison I se trouvait liée au Verseau. Les autres signes se présentaient ainsi :

Verseau, dans la Maison I (Planète dominante : Uranus);

Poissons, dans la Maison II (Planète dominante : Neptune);

Bélier, dans la Maison III (Planète dominante : Mars);

Taureau, dans la Maison IV (Planète dominante : Vénus);

Gémeaux, dans la Maison V (Planète dominante : Mercure);

Cancer, dans la Maison VI (Planète dominante : Lune);

Lion, dans la Maison VII (Planète dominante : le Soleil);

Vierge, dans la Maison VIII (Planète dominante : Mercure);

Balance, dans la Maison IX (Planète dominante : Vénus);

Scorpion, dans la Maison X (Planète dominante : Pluton);

Sagittaire, dans la Maison XI (Planète dominante : Jupiter);

Capricorne, dans la Maison XII (Planète dominante : Saturne).

Connaissant les caractéristiques de chaque signe et les planètes dominantes gouvernant les signes, nous pouvons dépeindre la vie de l'enfant dans ses grandes lignes.

Un an plus tard, en effet, la position respective des signes et des Maisons aura changé et c'est le signe des Poissons qui habitera dans la Maison I.

Verseau dans la Maison XII
Poissons dans la Maison I
Bélier dans la Maison II
Taureau dans la Maison III
Gémeaux dans la Maison IV
Cancer dans la Maison V, etc.

En suivant ce raisonnement, on arrive à l'année 1979, où c'est la Vierge qui est dans la Maison I, ce qui donne :

Verseau dans la Maison VI
Poissons dans la Maison VII
Bélier dans la Maison VIII
Taureau dans la Maison IX
Gémeaux dans la Maison X
Cancer dans la Maison XI
Lion dans la Maison XII
Vierge dans la Maison I
Balance dans la Maison II
Scorpion dans la Maison III
Sagittaire dans la Maison IV
Capricorne dans la Maison V.

Il reste à examiner les secteurs correspondant aux Maisons et la nature des influences des signes et de leurs planètes directrices pour, par un raisonnement simple et logique, faire un commentaire anticipé de ce qui pourra arriver à ce jeune homme en 1979.

Mais il est temps de dépeindre le caractère des natifs du Verseau ou, plus exactement, de fixer les traits de psychologie qui sont communs à tous les natifs de ce signe et que l'ascendant, les planètes et aussi l'environnement et diverses influences peuvent compléter et modifier.

Saturne et ses correspondances dans l'Œuvre alchimique. Illustration pour la Toison d'or *de Salomon Trismosin, XVIII*[e] *siècle.*

Catalogue des étoiles, *de Abd al-Rahman al-Sufi.*
Manuscrit arabe du XVe siècle.

Deuxième partie

Chapitre I

Portrait des natifs du Verseau

Le Verseau est le onzième signe du Zodiaque. Nous sommes, avec ce signe, presque à la fin d'une évolution, d'un cycle symbolique qui, en commençant le 21 mars, avec le premier degré du signe du Bélier, va se terminer le 20 mars suivant, avec le trentième degré du signe des Poissons. De plus, il faut savoir que les signes du Zodiaque sont alternativement masculins et féminins : le Bélier, masculin; le Taureau, féminin; les Gémeaux, masculin; le Cancer, féminin; le Lion, masculin; la Vierge, féminin; la Balance, masculin; le Scorpion, féminin; le Sagittaire, masculin; le Capricorne, féminin; le Verseau, masculin et les Poissons, féminins. L'expression masculin ou féminin n'implique rien en ce qui concerne le sexe des sujets nés sous le signe. Cela signifie, pour les signes dits masculins, que les natifs sont plutôt actifs que passifs, plutôt dynamiques que réceptifs, selon un parallèle binaire classique et traditionnel. Le natif d'un signe masculin agira directement; un natif d'un signe féminin préférera la ruse à la force, l'argumentation à l'action directe.

Les femmes se sentent plus à l'aise lorsqu'elles sont nées sous un signe féminin et les hommes « mieux dans leur peau » s'ils sont d'un signe masculin. Un couple formé d'un natif d'un signe masculin et d'un natif d'un signe féminin, sera plus facilement en parfaite harmonie que tel autre couple dont les deux partenaires sont issus de signes masculin et féminin.

Cela dit, les hommes nés sous un signe féminin sont parfaitement virils et les femmes nées sous un signe masculin n'en sont pas moins féminines.

Les douze signes du Zodiaque représentent les

Allégorie de l'Hiver,
par Giuseppe Arcimboldo, XVIe siècle.

diverses parties d'un corps humain, ce que nous avons vu, plus haut, avec la description d'un Homme-Zodiaque mais ils symbolisent aussi les étapes d'une vie humaine. Cela peut se définir ainsi : le Bélier est le temps où le petit enfant prend conscience de sa propre existence en tant qu'individu distinct des autres membres du groupe, et surtout distinct de sa mère. Le Taureau, c'est l'enfant qui regarde autour de lui et prend conscience du décor qui l'entoure. Les Gémeaux symbolisent l'âge adolescent qui observe le monde, qui communique facilement avec ses semblables. Le Cancer est un signe d'attachement au foyer, dernier sursaut avant le départ dans la vie. Le Lion adulte a pris conscience de son être, de son existence, de sa valeur. La Vierge, qui vient ensuite, gagne, récolte, organise, économise. La Balance a l'âge de la maturité qui s'arrête de progresser sur le plan matériel et pendant un certain temps médite sur la route à suivre désormais. Le Scorpion parle d'enfant, de descendance, tandis que le Sagittaire jouit de la vie et que le Capricorne fait un dernier effort individuel. Verseau et Poissons se perdent, le premier dans l'humanité anonyme, avec laquelle il se sent frère, le second dans le Cosmos : c'est le sens de l'Universalité.

Le même cortège des douze signes peut également représenter les diverses étapes de l'humanité prise dans son ensemble, de la découverte du Feu (Bélier), à la compréhension du Cosmos (Poissons).

Ainsi le Zodiaque nous propose-t-il ces immenses fresques qui se superposent et construisent en notre esprit une vue intuitive du caractère des natifs de chaque signe.

Passons maintenant du général au particulier, en essayant de tracer, à l'aide de statistiques, de différentes études et d'observations, le portrait théorique du type pur des natifs du Verseau. Il ne serait ni possible, ni d'ailleurs souhaitable, que ce portrait corresponde exactement à tous les natifs du Verseau que le lecteur connaît personnellement. Que celui-ci ne s'étonne donc pas de rencontrer des différences ; il y a beaucoup de raisons pour que chacun ait un caractère très individuel. Chacun est unique.

En effet, selon la date et l'heure de la naissance, selon l'endroit où elle s'est faite, pour le point précis et l'instant précis où l'enfant est venu au monde, le ciel présentait une certaine configuration. Il y a donc relativement peu d'enfants nés le même jour, à la même heure, au même endroit ; et si cela se produit, chacun de ces enfants aura une famille différente, sera élevé autrement, réagira selon son propre caractère. Il sera bien un exemplaire unique. Il n'y a que deux jumeaux qui ont le même caractère, et leur destin est très particulier, puisque, en général, ils refusent de se séparer.

On trouvera donc ici un portrait général des natifs du signe.

Traits généraux du Verseau

Le natif du Verseau se trouve uni à un signe zodiacal appartenant au groupe des signes évolués, des types achevés, des individus en possession de toute leur maturité : il est plus difficile de dépeindre la psychologie des natifs d'un signe représenté par un symbole humain.

On devine facilement le caractère du Bélier avec ses « coups de tête », ses brusqueries et sa gaieté dynamisante. On connaît le Taureau, sa force, son attachement à la terre et aux verts pâturages. On comprend facilement les symboles que sont le crabe du Cancer, le Scorpion à la dure carapace, on devine ce que veut dire la flèche du Sagittaire et pourquoi ce petit Capricorne capricieux se cache dans une coquille. On devine moins bien ce que veut la Vierge, si on comprend parfaitement le Lion au cœur de soleil. On sait ce qu'est une Balance et que la Justice l'a prise pour insigne ; on sait moins ce que signifie le Verseau, sa jarre renversée et ce liquide qu'il répand.

Le Verseau est un être très fin, très diaphane : bien peu de chair pour beaucoup d'esprit ! Ce n'est pas un de ces êtres que l'on peut rencontrer tous les jours et en toute occasion. Le Verseau symbolique est d'une essence supérieure.

Les deux derniers signes du Zodiaque, le Verseau et les Poissons, sont aussi différents des deux premiers (Bélier et Taureau) que les traits formés et parfois burinés par la vie de ceux qui ont passé l'âge des tâtonnements et ont recueilli les fruits de leurs expériences le sont du visage angélique d'un petit enfant.

La matière animale qui charrie les gros instincts est absente du personnage du Verseau.

L'individualité se minimise

Par ce titre curieux à prononcer mais qui convient bien à ce que je veux exprimer ici, je voudrais montrer que, sous le signe du Verseau, la nature particulière de l'individu cesse d'occuper le premier plan ; elle s'efface devant d'autres notions devenues primordiales.

Il existe chez le Verseau une tendance à rendre la personnalité animale de plus en plus éthérée et à la faire disparaître par évaporation dans l'atmosphère, sans qu'il en reste rien ! C'est un trait typique du signe que cette absence d'instincts bas et matériels.

Toutes les philosophies nous ont appris – ou ont tenté de le faire – que l'être humain était composé d'éléments venus d'« en bas », c'est-à-dire de la terre nourricière, et d'éléments venus d'« en haut », c'est-à-dire la pensée, la spiritualité ainsi que les qualités de délicatesse, de finesse, de tendresse, les idées générales, l'inspiration, et tant d'autres notions ou éléments de la personnalité qui éloignent de plus en plus le Verseau des attirances terrestres.

Ce signe cultive la nuance, la simplicité, l'intellectualité, tout ce qui l'éloigne du sol lourd et épais. Il est attiré vers l'air léger et voudrait devenir transparent.

Le type très pur de ce signe est un être fragile, fin, simple et pur.

Il possède toujours une personnalité attachante et qui est parfois de grande valeur. Mais il n'attache aucune importance particulière au fait d'être lui et non un autre. Il semble ne pas tenir à son individualité. On a l'impression que cet être raffiné n'est pas capable de supporter les dures épreuves de la vie et qu'il en souffre plus que tout autre.

Le détachement de soi

Cette individualité à laquelle le Verseau semble ne pas tenir le moins du monde tend à devenir impersonnelle en se détachant de lui.

Pour satisfaire son besoin profond d'abandonner son individualité, surtout dans ce qu'elle a de plus animal, le Verseau possède le talent particulier d'être son propre spectateur, de se regarder agir comme d'autres contempleraient un spectacle intéressant.

Il ne supporterait pas de céder à ses instincts. Alors, il les observe et, comme il reste parfaitement et abstraitement détaché de lui-même, il ne cède jamais à leurs appels.

Il est des mouvements du cœur et de l'âme qui bouleversent un être de fond en comble, et le laissent pantelant, simplement parce qu'il se laisse entraîner par des pulsions matérielles et animales.

Cela ne risque pas d'arriver au Verseau qui veut résolument ignorer ses pulsions animales.

Son cœur semble ne jamais éprouver de haine ; c'est un sentiment bas, il veut rester au-dessus et, naturellement sans se forcer.

Il existe, à l'inverse de la haine, un autre sentiment

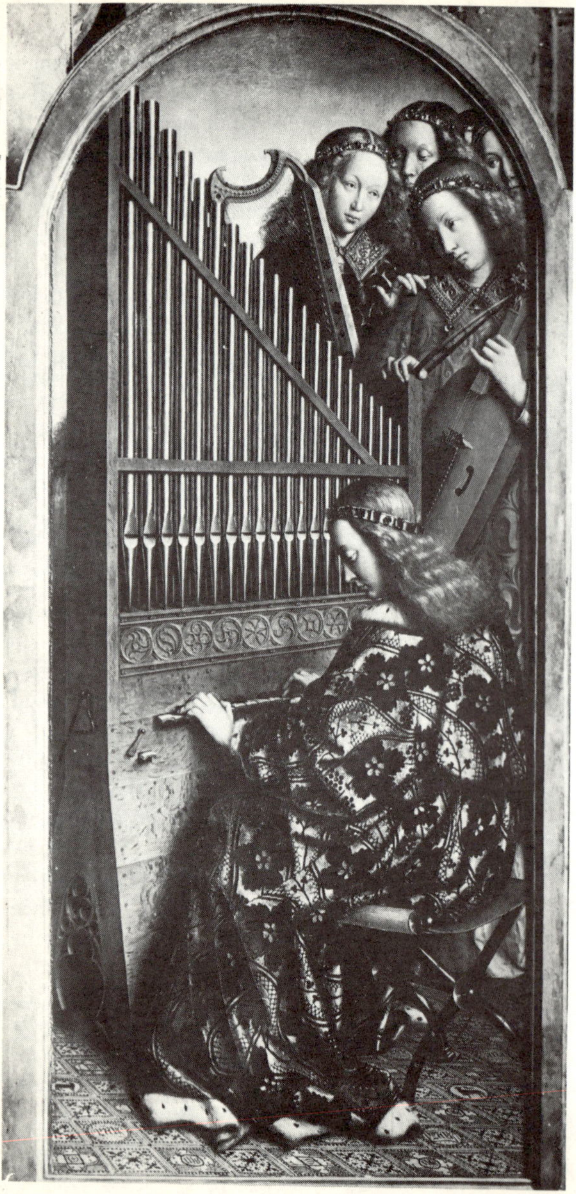

qui n'a rien de bas, et c'est l'amour. Sans risquer de déchoir, un Verseau peut-il céder à ce penchant tellement humain et son idéal l'autorise-t-il à être amoureux ?

Le chapitre de l'amour sera traité dans la troisième partie de cette étude ; pour le moment, qu'il nous suffise de noter que le Verseau est capable de cet amour pur et fraternel qui inspire les plus beaux sacrifices.

La sérénité du Verseau

Le Verseau connaît et peut éprouver l'amour ; il le vit intensément, mais il le vit sans orages. C'est un être serein. Entre le monde extérieur et lui, il pose une sorte d'écran qui filtre les impressions. Les coups ne lui arrivent jamais « de plein fouet », mais indirectement. N'étant jamais frappé ouvertement, il souffre moins, et sa sérénité n'est pas entamée. Il faut des épreuves exceptionnelles pour troubler cette sérénité, qui est une caractéristique de ce signe. Il semble que le Verseau soit d'une autre pâte que le commun des mortels et qu'il puisse se permettre de « planer » au-dessus des difficultés. Il a l'air d'être tout à fait résigné à ces inévitables douleurs qui sont le lot des humains mais, en fait, doué d'une véritable force intérieure, il peut les dominer. Sa sérénité a vite fait de recouvrir les marques de la souffrance. Le Verseau a son psychisme totalement axé sur l'espérance.

Ainsi épargné par les réactions désagréables que provoque en nous la douleur, le Verseau est d'humeur tranquille, de caractère doux, de mœurs paisibles, de caractère harmonieux, en un mot, il est « facile à vivre ».

Il se détache des intérêts matériels autant que de l'instinct et regarde dans la direction du monde spirituel; il y cherche les enchantements célestes.

---

*Polyptyque de l'*Agneau mystique *de Van Eyck : les anges musiciens, 1426 (cathédrale Saint-Bavon, Gand).*

En effet, le Verseau semble percevoir sans peine les voix venues de l'au-delà ; il a l'air de recevoir des appels mystérieux ; il aspire à des buts élevés et est attiré par les mondes supérieurs.

C'est un être qui recherche la perfection morale, mais qui, n'étant pas un pur esprit, accomplit néanmoins son destin humain de son mieux et sans atteindre ces sphères éthérées où il devrait élire son domicile.

Un altruiste à l'état pur

Le qualificatif de « pur » revient immanquablement quand on commente le psychisme d'un Verseau. Mais, en fait, cet être humain est, dans la vie de tous les jours, très proche des autres. Tout Verseau éprouve cette aspiration intérieure à devenir l'être pur ; mais beaucoup n'y parviennent pas, imbriqués qu'ils sont dans les enchevêtrements lourds et incommodes de la nature humaine. Le Verseau a une personnalité sociale qui masque à peu près complètement, dans la plupart des cas, une sensibilité discrète qu'il ne manifeste jamais.

Donc, dans la vie courante, le natif du Verseau est un homme comme les autres, avec ses défauts et ses qualités, vivant selon les circonstances.

Au cours de ses relations avec ses semblables, il manifeste toujours, à un moment ou à un autre, des sentiments et des tendances qui participent nettement de cette pureté à laquelle son signe est attaché.

Il est d'une sincérité profondément naturelle, et livre parfois ce secret.

Étant altruiste, il est forcément généreux. Il ne veut être esclave ni des choses, ni de ses désirs. Ces refus conjugués ont un résultat positif : ils sont l'origine de sa générosité.

Le Verseau manque totalement d'orgueil et sa fierté a ceci de particulier qu'elle l'entraîne à s'humilier, contrairement à l'effet habituel de ce trait de caractère.

Pourvu de principes moraux assez bien établis et fermement définis et qui lui servent de guide, il sait fort bien se livrer à son autocritique et prendre immédiatement toutes les dispositions pouvant se révéler utiles pour chasser de lui le moindre égocentrisme. D'une honnêteté innée et fondamentale, il accepte en pleine connaissance de cause les responsabilités qu'il a envers les autres et envers lui-même.

Sa sérénité s'étend à tous les domaines affectifs : la cruauté d'un deuil est atténuée par ce contrôle permanent qui éloigne tout sentiment violent ; un chagrin d'amour passe sans porter atteinte à sa sérénité ; en toute circonstance il est tout à fait calme, s'observe, se juge et s'ôte le droit de se plaindre. Il ne s'attarde pas davantage sur un remords. Cela, pense-t-il, est inutile.

Ainsi, se trouve-t-il dans un état réceptif. Il est hospitalier de son cœur et de ses pensées. Ceux qui ont besoin de lui le trouvent toujours en état de disponibilité affective. Avant tout, il considère l'égalité comme une nécessité et reste étranger à l'esprit de domination. Il accorde à ses semblables le plus grand crédit, ne met jamais en doute leur parole, leur pensée ou leurs sentiments.

Il accueille les autres avec des manières extrêmement simples et bienveillantes, qui sont comme un hommage à la présence de l'autre, à la confiance qu'il inspire.

Le Verseau est donc fait pour donner et pour se donner, et c'est ce qu'exprime la représentation symbolique du signe : un sage qui verse l'eau d'une urne.

Toute médaille a son revers

Si le Verseau possédait en fait toutes les qualités énumérées ici et à un degré aussi élevé, cela se saurait et on viendrait l'admirer comme une personnalité extraordinaire et très digne de la reconnaissance de l'humanité. Mais il n'en est pas tout à fait ainsi.

L'Astrologie nous met en garde, en nous signalant que le Soleil est en exil dans le Verseau, ce qui veut dire qu'il n'y est pas heureux et qu'il n'a pas d'influence favorable. C'est une carence. Le Verseau la ressent durement.

La présence du Soleil, en effet, apporte à une personnalité cette chaleur du cœur et des sentiments qui attire puis retient l'amitié et l'affection des autres.

Une autre carence du Verseau est l'absence d'une forte volonté. Celle-ci n'est pas à la hauteur de son idéal. Le Verseau doit toujours avoir présente à l'esprit cette précision : il est à la merci des défaillances de sa volonté. Connaissant profondément son idéal et ses aspirations, il peut se bercer d'illusions et croire, en toute bonne foi, être capable de s'élever au-dessus des réalités quotidiennes. Mais c'est un idéal trop élevé. Notre sujet se trouve rarement en mesure de l'atteindre; bien sûr, il n'est jamais facile de s'élever au-dessus du commun. Il y faut non seulement la claire vision de ce que l'on voudrait faire, mais encore la possibilité matérielle de le faire, et, enfin, la force intérieure qui aide à surmonter obstacles et oppositions. Le Verseau doit souvent se rendre compte qu'il est dans l'incapacité d'atteindre son idéal.

Le Verseau devra se rendre aux évidences : on ne peut pas songer aux autres sans que ce soit à son propre détriment; on ne peut pas être intégralement sincère, tout en étant un modèle de tolérance; on ne peut pas être parfaitement et idéalement bon, sans envoyer parfois quelques bourrades ou quelques phrases bien senties aux autres pour leur propre bien.

Le Verseau comprendra que pour être généreux, il faut être fort et que pour être bon, il faut parfois être dur.

Etre fort, être dur, ce ne sont pas là des souhaits de

Le Mois de janvier, *par Lebrun.*
Gravure du XVIIe siècle.

Verseau. Cela n'entre pas dans le cadre de sa personnalité. En fait, il éprouve le désir de plaire, d'être aimé, estimé, recherché. Il tend à idéaliser les autres. Et ceux-ci, qui le sentent faible, en profitent, même inconsciemment.

Le Verseau est-il complexé ?

Dans sa conduite quotidienne, le Verseau a tendance à ne voir dans les autres que des gens parfaitement honnêtes et sincères. Il suffit qu'on lui tende une main amicale, pour qu'il se demande tout de suite si ce nouvel ami n'a vraiment besoin de rien.

Il ne veut absolument pas connaître la désillusion, et pour cela, sans doute préférera-t-il se leurrer encore lui-même, en dépit des évidences.

Le physique du Verseau n'étant pas énergique, ni robuste, ni fort, on peut penser que, comme la plupart des êtres physiquement faibles, il cherche une supériorité sur un autre terrain : pour lui c'est la morale.

Le Verseau tend toujours à survoler les réalités. Il voudrait ne pas toucher terre et rester dans ces zones élevées où seul le bleu du ciel rappelle encore un élément matériel.

Il n'a pas véritablement le sens des réalités et sans une excellente santé morale qui le protège contre des chutes trop brutales, susceptibles de fixer un déséquilibre, il pourrait se détacher de la vie matérielle à un tel point que cela frôlerait le trouble mental. Mais le Verseau en est encore loin. Simplement, il ressent moins les peines et les joies courantes et se passionne pour des problèmes qu'il ne pourra jamais voir résolus.

Il n'éprouve que très faiblement les sensations physiques et ne tient pas à les analyser. Il ne veut pas les prendre en considération.

Il a des difficultés à soutenir une conversation banale. Nous aussi, quand nous constatons brutalement son inutilité et son outrecuidance. Mais nous n'en laissons rien paraître et donnons les répliques attendues au moment opportun. Le Verseau, lui, ne dit rien, tant qu'il n'est pas ému par un fait qui l'impressionne. Alors, il « démarre ». Il se passionne et met en évidence le mécanisme de sa sensibilité.

Les lois de la nature

Le Verseau fait partie des gens qui s'attachent à la nature, à ses pouvoirs, à sa pollution, à la nécessité de la protéger. Naturellement, il sera d'une façon ou d'une autre disciple de quelque école de diététique : végétarien ou crudiste; ou bien il participera à des activités naturistes, comme le nudisme, le retour à la vie primitive dans des paysages désertiques et préservés. Il est de ceux qui parlent d'une harmonie avec les forces vitales, de l'union du « moi » conscient et inconscient avec les forces cosmiques et, en même temps, il souhaite explorer les abîmes intérieurs des hommes.

Il voudrait bien garder le contrôle de son existence personnelle; mais il désire également suivre le courant qui l'emporte vers un destin extra-personnel. Il sent qu'il fait partie de l'humanité, et tend à participer à la réconciliation de l'homme avec l'univers.

Sa quête de la sérénité semble provoquer chez lui le désir du renoncement aux nécessités matérielles; il procède par dépossessions et il se soumet ainsi à des purifications successives. Il finit par ne plus croire au réel et se dit que dans ce monde de la matérialité, en vérité, tout est vain. Pourtant, il est bien obligé d'y vivre et cela crée en lui une situation troublante et harassante.

Allégorie des saisons : l'Hiver, *d'après Martin De Vos.*
Gravure du XVIe siècle.

Un style différent

Comme nous avons souvent eu l'occasion de l'observer dans les différentes études de cette série sur l'*Interprétation de votre Signe*, la psychologie a ses tours et ses détours. Dès que l'on a défini un type de caractère, on découvre un reflet opposé et symétrique, qui ne correspond plus à ce que l'on vient de dire. Il existe souvent une certaine ambivalence psychique qui fait qu'un type psychologique d'un signe est rarement l'image de tous les natifs de ce signe. Il en est qui lui sont presque opposés, l'étude psychologique des natifs du Verseau le confirme.

Le frère jumeau du Verseau qui vient d'être décrit ne lui est pas résolument opposé, mais, pourrait-on dire, complémentaire. Face à ce désir que nous avons noté de rechercher la sagesse, ou une sagesse, on peut rencontrer le goût du dépaysement et de l'aventure. Au lieu de tendre vers l'oubli de soi, ce nouveau Verseau tend, au contraire, à affirmer sa personnalité. Son orgueil cache soigneusement sa nature angélique. Il se veut original pour se distinguer de son entourage et pour se détacher tout simplement. Il ne veut pas appartenir à une série, à un cadre, à une espèce, à un système. Il se veut et se dit original, unique, libre et hors du commun.

Dans la vie quotidienne, enfant ou adolescent, il commence par passer pour un être plus excentrique que vraiment original. La maladresse déforme tout.

Quand il arrive à l'âge adulte, on le voit faire tout ce qui lui est possible pour sortir des sentiers battus, et se distinguer par son originalité. Il tient absolument à être en dehors du système, à demeurer à part, à ne jamais communiquer avec la foule. Il n'a, d'ailleurs, pas de termes assez vifs pour qualifier comme il voudrait les foules moutonnières.

Doté d'une vie psychique parfaitement cohérente, il peut se placer au-dessus des autres, au-dessus de leurs passions minuscules, et se sentir parfaitement solide, uni, formé, accompli. Il choisit alors une voie, une seule, et s'en tient là. Il fera tout ce qu'il faut pour parvenir le plus loin possible sur la route qu'il s'est tracée. Il recommence en cas d'échec, car il ne sait pas ce que veut dire renoncer.

En passant par le but qu'il s'est fixé, il réalise son expérience humaine et, comme on ne renonce jamais à ses tendances foncières, il parvient à s'accomplir dans le détachement et à se fondre dans l'humanité. Il a fini par acquérir le pouvoir qu'il voulait posséder et, arrivé à ce sommet, il se trouve possédé lui-même par une frénésie d'aller toujours plus loin.

Un esprit novateur

Le Verseau est en général une personne inclinée aux méditations et aux travaux intellectuels. Il possède un esprit de synthèse et a des vues générales sur les questions qui l'intéressent. Mais c'est un être qui peut manquer complètement de sens pratique ; il ignore les nécessités matérielles de chaque jour, en revanche, il se trompe rarement sur les projets à longue échéance.

Parmi eux, il préfère ceux qui entraînent des changements, des modifications, des transformations, car c'est un être de progrès. Il ne veut pas retenir le passé, il veut aller de l'avant.

Le Verseau, quand il est calme, quand des influences maléfiques ne s'exercent pas sur lui, aime méditer, réfléchir, prévoir et inventer.

Il est intuitif et réceptif ; cela veut dire que le Verseau écoute ce qui se dit, lit, s'informe, enregistre et, ensuite, pense.

Un Verseau, qui se tient toujours à l'avant-garde de la pensée, sera toujours en train de chercher à refaire le monde. Il voudra réformer les traditions, expliquer et démystifier les symboles, les archétypes, supprimer

---

Jacques Prévert.

les croyances et les superstitions. Il le fera au niveau le plus simple, par sa conversation, par son appartenance à des mouvements, des clubs, des associations dont les buts lui conviennent. Parfois il sera lui-même l'instigateur de ces mouvements ou diffusera sa pensée par des écrits, articles, thèses et même livres.

Son esprit se résume dans cette formule : des idées larges, des idées altruistes.

Le type physique du Verseau

Comme les autres signes qui ne sont pas inspirés par un animal, le Verseau confère peu de caractéristiques très marquées à ses natifs. On sait reconnaître assez facilement au physique un Bélier, un Taureau, un Cancer et même un Gémeaux. Un Lion passe rarement inaperçu. Mais à partir de la Balance, le Zodiaque semble s'incliner vers des types physiques moins accentués; c'est probablement parce que les natifs des cinq derniers signes représentent des niveaux plus détachés de la matière, davantage tournés vers l'avenir; ils conservent du passé le moins de marques possibles. Sans doute, annoncent-ils les types de demain ?

Dans le cas d'un type Verseau pur, on peut néanmoins affirmer, selon André Barrault, que c'est un individu de faible ou moyenne constitution.

Il entre généralement dans la catégorie des tempéraments nerveux. Il est souvent asthénique, fin, physiquement délicat.

Le visage est régulier mais le front volumineux, les joues ne sont pas pleines et le menton est fin. Comme chez le Gémeaux le visage est également triangulaire; mais chez les Gémeaux, le triangle inclut dans sa base les pommettes; ici, le triangle serait plus allongé et sa base ne comprendrait que le front.

Le teint est clair et l'épiderme présente un aspect

Dessin de Carlos Schwab, 1899.

fin et fragile. Le sang paraît circuler à fleur de peau et la coloration varie facilement sous l'effet des émotions.

Le sujet garde longtemps l'air jeune ; le regard est très vif et très mobile, bien abrité sous les arcades sourcilières.

L'ensemble de la personnalité du Verseau ne fait jamais forte impression au premier abord. Il n'y tient d'ailleurs pas et se veut réservé, auditeur plus qu'orateur, observateur surtout, tant que son type zodiacal solaire n'est pas altéré par un ascendant énergique et contraire, ou une planète particulièrement bien placée pour l'influencer.

Dans le cas où le Verseau se trouve fortement influencé par Uranus, qui est la planète de l'avenir, des transformations, son type physique sera légèrement modifié et surtout son comportement : il aimera davantage se faire remarquer. Il appréciera d'être écouté lorsqu'il estime avoir à dire quelque chose d'utile.

La démarche du Verseau est assez souple, empreinte de légèreté et de simplicité. Les expressions du visage sont peu accentuées, généralement elles se limitent à un intérêt poli. Excepté dans le cas de l'influence d'Uranus, qui provoque des expressions plus accentuées, et même des jeux de physionomie destinés à produire une forte impression.

La poignée de main est franche, sans brutalité, elle est surtout courtoise et sincère.

Le Verseau est un être extrêmement civilisé, qui a toujours de la considération pour ses semblables, même s'il sait qu'ils ne le valent pas. Mais il peut devenir trop méfiant après s'être laissé tromper plusieurs fois à cause de sa bonne foi et de la présomption de loyauté qu'il accorde spontanément à ses partenaires.

Il va de soi que ce portrait est une ébauche, et que chaque personne née sous le signe du Verseau présente des différences qui font son originalité et qui la distinguent de tous les autres êtres humains, qu'ils soient ou non nés sous le même signe.

Calendrier dessiné par Eugène Grasset, début du XXe siècle.

Chapitre II
Le destin des natifs du Verseau

« Les vices, les abus,
voilà ce qui ne change point. »
BEAUMARCHAIS.

Après avoir tenté de tracer un portrait du natif du Verseau, portrait théorique d'ailleurs, parce que situé en dehors de toutes les autres influences que le signe solaire de naissance, c'est-à-dire le signe dans lequel se lève le Soleil à la date de la naissance, il est bon de poursuivre l'étude sur le style de vie du Verseau.

La santé du Verseau

La santé est un des éléments essentiels parmi les diverses données qui guident le choix d'une carrière, d'un style de vie. Il ne serait d'aucune utilité de découvrir des dons d'alpiniste à un cardiaque !

Le Verseau n'a pas une santé mauvaise; elle est simplement fragile car il ne dispose pas de grosses réserves de force musculaire. Un incident de santé qui, chez un autre, serait passager peut, chez lui, devenir facilement chronique pour deux raisons, l'une astrologique : le Verseau est un signe fixe; l'autre psychologique : le Verseau ne sait pas se soigner avec continuité. Au bout d'un certain temps, il cesse le traitement et

L'observatoire d'Alexandrie. Gravure de 1882.

en choisit un autre, axé sur une thérapeutique tout à fait opposée.

Le Verseau qui doit se soigner adopte d'abord les traitements les plus nouveaux, les plus modernes, les plus inédits. Il est partisan d'une thérapeutique d'avant-garde.

Si l'on regarde le dessin représentant l'Homme-Zodiaque, on peut voir qu'à chaque signe du Zodiaque correspond un organe de l'homme. Ainsi, le Bélier agit sur la tête, le Taureau sur la bouche et le cou; les Gémeaux sur les bras, les poumons; le Cancer sur l'estomac; le Lion sur le cœur et l'appareil de la circulation artérielle; la Vierge sur l'intestin; la Balance sur le plexus solaire et les glandes endocrines; le Scorpion sur les organes génitaux; le Sagittaire sur les cuisses; le Capricorne sur les articulations, et plus spécialement les genoux; le Verseau sur les mollets et les chevilles, enfin les Poissons correspondent aux pieds.

Ainsi, mollets et chevilles sont les points sensibles des natifs du Verseau. Que risque-t-il à ce sujet ?

Les très désagréables entorses, qui sont si délicates à guérir complétement; les fractures et les menus maux de cette partie du corps dus à une irrigation sanguine délicate et à un réseau veineux qui souffre beaucoup de la station debout prolongée.

Au contraire du Lion, qui tent à être pléthorique, le Verseau risque de souffrir d'un manque de vitalité. Il a tendance à l'hyperacidité, parce qu'il manque d'oxygène, et qu'il n'élimine pas très bien les déchets. Son remède serait donc l'air pur et un régime équilibré. S'il ne s'attache pas à veiller sur ses carences, il risque de manquer de fer, de phosphore et des oligo-éléments, ces traces infimes de cobalt, de manganèse, de cuivre, qui, liées à la chimie biologique s'élaborant en notre organisme, assurent l'équilibre nécessaire à notre santé.

En résumé et pour simplifier : il faut à un Verseau de l'air pur et oxygéné, une nourriture non pas abondante, mais riche et vitaminée, de l'eau et de l'exercice.

Il ne doit jamais oublier qu'il est un signe d'Air. Il doit donc choisir une profession qui s'exerce le plus souvent au grand air.

L'aspect extérieur et la présentation du Verseau

Si le Verseau est sous l'influence de Saturne, il préférera les tenues simples aux tenues élégantes. S'il s'agit d'une femme (on ne devrait plus le spécifier, les hommes portent maintenant des costumes de couleur et des bijoux), elle renoncera volontiers aux couleurs chatoyantes et aux bijoux, même élégants et de valeur, car elle apprécie d'abord la simplicité; mais c'est une simplicité qui n'est pas dépourvue d'élégance.

Si c'est Uranus qui domine dans le ciel du Verseau, les goûts ne seront pas les mêmes. Avec Uranus, planète de l'avenir et des transformations, un peu d'excentricité sera volontiers marquée dans le costume. Comme madame Bélier, madame Verseau-Uranus ne craint pas d'être audacieuse dans sa toilette et de se tenir à la pointe de la mode, et même un petit peu plus en avant... Elle voudrait ne pas être comme les autres, aussi suit-elle avec intérêt les extravagances de la mode, et dans la mesure de ses moyens, elle s'efforce d'être toujours habillée de la manière la plus novatrice.

Monsieur Verseau, lui, lorsqu'il est influencé par Saturne, s'habille très simplement et parfois même en négligé. Il pense toujours que cela n'a aucune importance; pour lui, seule la personnalité profonde compte : « l'habit ne fait pas le moine ».

Monsieur Verseau influencé par Uranus se conduit d'une manière différente. Il tient à son aspect extérieur. Il s'habille selon ses moyens, cela va de soi, mais ne recule devant aucune extravagance et trouve normal d'étonner les gens. Naturellement, ces extravagances sont dans un style d'avant-garde. Il se tient toujours à la pointe de ce qui est nouveau.

On a cru remarquer que les Verseau les plus originaux dans leur tenue l'étaient moins dans leur attitude intellectuelle. Et inversement, les Verseau très avancés psychiquement semblent ne pas se préoccuper de savoir s'ils s'habillent ou non en suivant la mode.

Le choix d'une carrière

Le Verseau a le don d'envisager l'avenir et le progrès avec un intérêt passionné, ce qui facilite pour lui le choix d'une carrière, s'il a la possibilité de suivre un enseignement scientifique.

Les carrières particulièrement rattachées aux innovations les plus récentes sont faites pour lui.

Mais il se peut que les dons qu'il souhaite développer ne trouvent pas d'extériorisation sous la forme d'une profession. On sombre alors dans une vague notion abstraite d'enseignement et de diffusion qui ne répond à rien de précis. La situation qui, au premier abord, semble faite pour un Verseau, homme ou femme, est celle d'enseignant. Que ce soit dans une école primaire, secondaire, technique ou dans un établissement supérieur, le Verseau trouvera, dans le métier qui consiste à instruire les jeunes, à leur inspirer confiance, à les orienter et à les guider, un accomplissement de ses dons les plus visibles. C'est pour lui la carrière idéale en dehors des techniques nouvelles et des expériences de pionnier.

On pourrait aussi lui conseiller un poste de moniteur d'éducation physique, mais il est peu probable que son état physique le lui permette. Il n'est pas bâti pour les exploits sportifs. Ses performances sont plutôt intellectuelles.

La Terre vue de la Lune.

L'aptitude à la réussite

Un Verseau ne se distingue pas, sur le plan professionnel, par des qualités exceptionnelles. Il n'est pas un très gros travailleur, qui abat beaucoup de besogne; il n'est pas non plus paresseux; il aime le travail et souhaite donner satisfaction. Sa conscience professionnelle est très pointilleuse. Il est honnête, foncièrement. Il a une notion très précise et très ferme de ses responsabilités; il est le type même du collaborateur sur lequel on peut compter.

Son style de travail est rationnel et intuitif. Étant donné qu'il a des idées et qu'il sait les rationaliser, pour qu'il donne toute sa mesure, il faut qu'on lui laisse un peu de champ pour s'organiser lui-même. Par sa conscience professionnelle, il garantit que cette liberté d'action ne portera jamais préjudice à l'entreprise. Il adore réfléchir sur les tenants et aboutissants du travail dont il est chargé, et il trouve toujours un moyen de faire progresser la tâche; il découvre de nouveaux moyens plus économiques ou plus précis pour l'accomplir, de nouveaux débouchés. Il tient absolument à ne pas travailler bêtement, en machine aveugle, mais avec intelligence et animé d'un esprit de progrès et d'innovation.

Il choisit la qualité avant la quantité. Mais tend à aller un peu trop vite.

Si on devait lui donner un conseil, ce serait de veiller toujours à bien assurer ses bases de travail par une documentation méticuleuse et rigoureuse, afin de ne pas s'aventurer dans des domaines déjà expérimentés.

L'enthousiasme est en lui

Contrairement à la majorité des gens, le Verseau ne fait jamais rien avec une passivité machinale. Il met

Frédéric II, roi de Prusse.

de l'enthousiasme dans chacune de ses occupations. Cette « flamme » est le meilleur moyen pour favoriser cette « qualité » à laquelle il est très attaché, et aussi son aptitude au progrès personnel ou professionnel.

C'est un être doté d'une ambition suffisante pour avoir le désir de parvenir au but qu'il s'est fixé, de réussir. Il fait partie de ceux qui ont la patience de frapper longtemps et doucement sur le même clou pour l'enfoncer à tout prix...

En fait, il préfère avoir un travail intéressant plutôt qu'une situation brillante mais ennuyeuse.

« Avoir du cran », cette expression qui peut aujourd'hui sembler vieillotte et démodée, n'a pas été remplacée. Peut-être n'a-t-on plus de cran ? Avoir du cran, c'est réagir avec force, rapidité, sang-froid et courage à toutes les situations qui peuvent présenter des dangers ou des inconvénients. C'est une audace sans cesse renouvelée; c'est recommencer après un échec; c'est demander une nouvelle fois mais en d'autres termes ce que l'on n'a pas obtenu. C'est insister légèrement, souvent et avec fermeté pour obtenir ce dont on a besoin : un contact, une situation, un service.

Avoir du cran, c'est faire preuve d'un courage modeste, parce qu'il concerne des petites choses et parce qu'il reste invisible.

C'est une grande qualité.

Etre curieux. Ce n'est pas à un Verseau que l'on apprendra à progresser, à être toujours au courant des dernières innovations. Pour cela, il faut s'informer, écouter, lire, chercher et questionner. Bref, il faut être curieux.

Il faut surtout s'étonner et ne pas se blaser. Il faut toujours se demander quelle est la cause des faits, quels sont leur source et leur cheminement. Il faut enfin provoquer les informations, les quérir, enquêter pour les recueillir.

Pourvu de ces diverses qualités, le Verseau peut réussir.

Mais le Verseau est-il ambitieux ? Nous avons vu qu'il n'attachait pas d'importance essentielle à la réussite matérielle, donnons-lui un conseil très important : il n'est pas seul, il fait partie d'une famille, d'un groupe, d'une collectivité. Or, la réussite matérielle est nécessaire à celui qui n'est pas seul; il n'a pas le droit de négliger ce qui pourrait ajouter au confort de son foyer; sa femme l'attend, pour elle, pour lui, et aussi pour assurer l'avenir de leurs enfants.

Quelle que soit sa situation, il a le plus grand intérêt à prendre en considération les conditions matérielles de sa rémunération, afin de penser à lui et aux siens avant de penser aux autres. Ce n'est pas inutilement que le Christ a dit : « Charité bien ordonnée commence par soi-même ». Il ne faut pas se retrouver misérable, à la charge des siens, pour avoir voulu venir en aide à une minorité défavorisée !

Verseau, vous êtes prévenus ! Surveillez votre santé et vous atteindrez les buts élevés que vous vous êtes fixés.

Les Quatre Éléments. *Gravure allemande, 1600.*

Chapitre III

Les types mixtes du Verseau

Comme chacun de nous, les natifs du Verseau sont influencés par leur ascendant. Mais qu'est-ce que cet ascendant ? Comment agit-il ? Comment le connaître ? Commençons par répondre à ces questions.

Qu'est-ce que l'ascendant ?

Si l'on essaie de se représenter le Zodiaque comme une ceinture passant au-dessus de nos têtes pour aboutir à l'est, vers lequel on se tient tourné, on pourra voir l'ascendant se lever à l'horizon. Naturellement, on ne pourra le voir qu'avec les yeux de l'esprit, car dans la réalité on ne voit les constellations que la nuit, et, quant aux signes du Zodiaque, on ne les voit pas, parce que ce sont des symboles. Mais l'astrologue, lui, sait très bien quel est le signe qui se lève à l'horizon, en un lieu donné, à une date et à une heure données.

Il existe douze ascendants, comme il existe douze signes du Zodiaque. Le signe sous lequel est né le sujet, celui qui est en rapport avec la date de naissance, est appelé le « signe solaire ». Le signe qui est en ascendant à l'heure de la naissance, s'appelle le « signe ascendant ».

Le signe solaire apporte au nouveau-né son caractère fondamental. L'enfant a été imprégné des circonstances qui ont ponctué la vie de sa mère au cours de sa grossesse. Les éléments héréditaires des parents, le déroulement des saisons, ont également contribué à déterminer les composants de l'enfant, c'est-à-dire son physique, et aussi sa psychologie. Dès l'instant où

Lindbergh en 1927.

il est séparé de sa mère, où il respire l'air avec ses petits poumons, où il irrigue son petit corps avec son propre sang, il participe personnellement aux phases de la nature. Son évolution, maintenant, dépendra surtout de lui-même. Or, le signe ascendant exprime l'état du ciel, le climat astrologique de l'instant du premier souffle de l'enfant.

Type Verseau ascendant Bélier

Le Verseau a le goût inné de l'indépendance et de la liberté. Avec l'ascendant Bélier, il prend très vite conscience de ces tendances. Elles se manifesteront au cours de sa vie par une activité hardie, des actions révolutionnaires, des actes de provocation, très francs, très sincères, mais irréfléchis.

Une autre impulsion encore plus marquée, c'est l'attrait des innovations, des découvertes. Le Bélier, parce qu'il est un précurseur, un novateur dans l'âme, parce qu'il est au commencement du cycle annuel, accentue en sa qualité d'ascendant l'intérêt que le Verseau apporte à suivre ce qui se fait de plus moderne, de plus nouveau.

Avec un Verseau ascendant Bélier nous avons donc un individu rempli d'énergie, rapide dans ses actions, de psychologie primaire et adorant tout ce qui est nouveau.

Il cédera à l'attrait des petites inventions, des petits gadgets, il expérimentera de nouveaux remèdes, peut-être un peu rapidement, d'ailleurs.

Son ascendant suit la même direction que son signe solaire, aussi aura-t-il une très grande influence.

Type Verseau ascendant Taureau

Le Taureau a une psychologie secondaire; il réfléchit toujours et ne s'en tient pas à son impression première : il a une excellente mémoire, et n'agit pas à la légère. C'est un être posé.

Nous savons aussi que, né en mai, lorsque la nature offre ses plus beaux spectacles, d'autant plus saisissants qu'on sort à peine de l'hiver, le Taureau a le sens de la beauté et possède des talents artistiques. En général, il pratique un art, professionnellement ou comme violon d'Ingres.

Quelles sont les impulsions que le Taureau va donner au Verseau ?

Pour que l'ascendant Taureau ait une nette influence les configurations planétaires ne devront pas s'y opposer; en effet, entre le Taureau et le Verseau, il existe des différences assez remarquables pour que des dissonances puissent se produire. En dehors de ses dispositions artistiques qu'il peut très bien transmettre au Verseau, le Taureau possède d'autres traits. Il tient à la vie terrestre et matérielle : bon mangeur, sachant être tour à tour voyageur, sportif, musicien, avec un cœur jaloux, et une existence de confort matériel et d'élégance, il se sépare nettement du Verseau. Cependant, rien n'interdit de penser que le Verseau qui prendrait au Taureau son goût des sports par exemple n'y trouverait pas quelques avantages de santé. Un tel Verseau n'appartiendra probablement pas à l'espèce la plus éthérée et la plus angélique du signe; il y a de fortes chances pour que l'ascendant apporte une certaine et relative force physique, une modification de la physionomie, en alourdissant un peu le menton pointu, puisque le Taureau plus près de la matière, est large de la bouche et du cou.

Il est possible que la nature passionnée et possessive du Taureau se sublime au contact du signe solaire et donne un politicien passionné, un être dévoué à la collectivité, jalousement dévoué, donc partisan.

La psychologie du Verseau sera légèrement fluctuante.

Georges Mathieu.

Type Verseau ascendant Gémeaux

Ces signes s'accordent : ils sont l'un et l'autre des signes d'Air.

Comment se présente le Gémeaux ? C'est un être très intellectuel ; il pense et raisonne instinctivement sur tout et à propos de tout. C'est un être rapide et mobile. Sa psychologie primaire le fait céder au premier mouvement, il suit son impression initiale, mais son esprit n'est pas étroit, bien au contraire.

A cause de la forte influence de la planète Mercure. Le Gémeaux est très communicatif. Il s'intéresse à tout ce qui est informations, renseignements, nouvelle, récit. Il aime parler lui-même et propager les nouvelles.

Le Gémeaux n'aime que le changement. Il aime peu et brièvement, mais il aime souvent. On ne peut pas compter, avec lui, sur une grande tendresse et sur un amour teinté d'affection, donc un amour des plus durables. Il n'est même pas sensuel. Il est cérébral et seulement cela... ou presque.

Comme il est tenté par les spéculations intellectuelles et par les écrits, il peut faire une carrière d'auteur de science-fiction, mais il a trop peu de constance pour assurer sa renommée. Il lui manque probablement ce que possède le Verseau et que son ascendant va souligner et mettre en valeur. Un Gémeaux pourra échouer là où un Verseau ascendant Gémeaux forgera sa gloire.

Le Verseau ascendant Gémeaux va adopter et accentuer en lui certains traits qu'il possède en commun avec son ascendant, et parmi ceux-ci l'intellectualité. Le Verseau, nous l'avons vu, n'est pas un tendre ; il n'est pas un de ces êtres affectueux et dévoués à leur foyer, à leur famille, comme le Cancer, par exemple. Il semble, sur ce point, doté d'une certaine indifférence.

Avec les Gémeaux en ascendant, ces défauts seront loin de se corriger. Il ne gagne rien sur le plan affectif, il y perd plutôt. Mais sur le plan intellectuel, il tire avantage d'un tel ascendant.

Le Verseau est sensible aux malheurs du monde; avec l'ascendant Gémeaux, il s'intéresse aux problèmes de la planète. Il va toujours de l'avant vers les positions les plus neuves, mais la construction d'une « Auroville » est plus proche de lui que l'ouverture d'un foyer pour personnes seules et malades de solitude !

Notez que le Verseau reste foncièrement indépendant. La délicatesse et la sensibilité des Gémeaux le rendent plus apte à s'émouvoir, mais dans sa vie familiale il reste toujours un peu en dehors des tendres embrassades.

Type Verseau ascendant Cancer

Un natif du Cancer possède une mémoire variée et vivante. Il se souvient de tout. Mais ce dont il aime le plus se souvenir, c'est de sa maison natale et de ses souvenirs d'enfance; il rêve encore à ses petits camarades de classe et à l'odeur des confitures maternelles.

C'est aussi un être excessivement sensible qui se protège d'une carapace rigide uniquement pour survivre. Il n'en est certainement pas de même du Verseau qui, étrangement affiné et comme sur la voie de la désincarnation, s'éloigne des biens terrestres et délaisse les tendresses, les affections, et les souvenirs.

Le signe du Cancer donne une affectivité très émotive. Le natif du signe a peu d'activité physique; il se déplace lentement, agit posément, ressent plus qu'il n'apprend. Dans certains cas, il rêve sa vie, ne la vit pas et végète.

Il est sous l'influence très marquée de la Lune.

La présence d'un ascendant Cancer dans le thème de naissance d'un Verseau rectifie certains défauts innés. Par exemple, le sentiment de la famille, parfaitement éloigné de l'esprit du type pur du Verseau, apparaît. Le terrain Verseau s'y prête, car il s'agit d'un être peu sensible aux biens matériels, peu ambitieux et dont les sentiments sont simplement déviés en direction du Cosmos au lieu de se centrer sur l'être et son proche entourage. Donc, c'est une action bienfaisante : le Verseau devient sensible à la vie de famille; dans son enfance et sa jeunesse il accorde à ses parents, à sa mère, surtout, la tendresse à laquelle ils sont en droit de s'attendre. Adolescent puis adulte, il ne s'éloigne pas affectivement de la famille; lorsqu'il fonde son propre foyer, il s'y attache. C'est un Verseau corrigé, et il a tout à y gagner.

Il a désormais deux centres affectifs : la famille et les amis. Il peut rêver aux paradis perdus, au passé idéalisé autant qu'il est capable de songer sérieusement et techniquement à l'organisation du futur.

Moins typé que le Verseau pur, il est beaucoup plus agréable dans la vie privée, sans rien perdre de ses talents. En somme un excellent type mixte.

Type Verseau ascendant Lion

Le signe du Lion aura certainement une influence sur le Verseau. Il reste à déterminer dans quelle mesure elle peut être bénéfique.

Il existe entre le Verseau et cet ascendant une puissante contradiction. Le Lion apporte à ses natifs un esprit égocentrique. Le Verseau apporte à ses natifs un esprit altruiste. Le Verseau recevra-t-il assez fortement cette influence pour se départir de ses idéaux ? C'est assez peu probable car si le signe du Lion impose un grand amour de soi-même, il n'apporte pas de haine, ni même d'indifférence pour les autres. Le Verseau ascendant Lion, tout en se laissant aller à ses tendances naturelles altruistes, s'intéressera d'abord aux autres mais ne pourra probablement pas s'empêcher de songer à lui, à sa propre valeur, à sa carrière, à sa place dans la société et à ses propres moyens d'existence.

On peut parfaitement concevoir une certaine et relative union de ces deux tendances, car le fait de réaliser une honnête fortune et d'agir généreusement en faveur des autres n'est pas inconcevable. Tout simplement, sous l'influence de l'ascendant Lion, notre Verseau sera plus soucieux de lui-même ; il ajoutera à sa personnalité une petite graine de coquetterie intellectuelle et peut-être un modeste amour de la gloire qui passera çà et là dans ses notes et ses pensées. Mais il peut concilier les deux tendances sans en être psychiquement divisé.

Type Verseau ascendant Vierge

Quelles seront les influences de l'ascendant Vierge sur les natifs du Verseau ?

L'élément fondamental qui se manifeste tient à la curiosité innée des natifs de la Vierge. Le don d'observation des choses concrètes et une curiosité intelligente de tout ce qui peut être étudié vont animer les jeunes années du Verseau. Les expériences objectives seront ses premiers pas vers une méthode d'information personnelle.

Comme cette tendance ne contredit pas les éléments de base du caractère du Verseau, il subira sans problème cet élément.

Le signe de la Vierge favorise les dons pour les études expérimentales, les travaux pratiques, une culture qui se consacre plutôt aux éléments concrets de la vie. Ce qui correspond très bien aux principes altruistes du Verseau.

Type Verseau ascendant Balance

Les éléments positifs du signe de la Balance peuvent avoir un certain retentissement sur la vie d'un natif du

Verseau. Il pourra bénéficier surtout du caractère sociable que la Balance donne à ses natifs, ainsi que de leur esprit de justice et d'équité. Le Verseau, qui pousse son sens de la justice jusqu'à la charité, sera très réceptif à cette tendance, qui va dans le sens de ses propres désirs. Cependant, un petit défaut propre au signe de la Balance est à signaler, c'est un relatif manque de volonté. Ce signe accorde un tel sens des mesures, des comparaisons, des proportions, de l'équité, que les natifs ont parfois de la difficulté à prendre une décision. Il est possible que sous l'influence du signe ascendant, le natif du Verseau se trouve complètement dépourvu de volonté, car il a déjà tendance à en manquer. De même pour ce qui est de la présomption de bonne foi dont le natif du Verseau fait bénéficier les gens dès le premier contact avec eux ; le natif de la Balance agit de même et cette influence s'ajoutant à la nature innée ne peut donner qu'une certaine disposition à se laisser tromper trop facilement.

Du côté positif, on a, dans le Verseau sous ascendant Balance, un sens humain très élevé et le sacrifice du moi consenti pour un idéal social.

Type Verseau ascendant Scorpion

Le natif du Scorpion est un farouche individualiste ; il ne se plie pas aux usages, aux règles générales ; il sera toujours libertaire et anarchisant.

Le natif du Scorpion adore résoudre des énigmes et il a un don pour l'observation, l'étude, et la solution des problèmes. Il a l'esprit critique et pourtant, il est attiré par l'occultisme.

Quelle sera l'influence de l'ascendant Scorpion sur le natif du Verserau ?

On n'observe aucun désaccord profond entre les caractéristiques qu'apportent l'un et l'autre signe, mais de simples nuances. On peut en déduire que les

impulsions données au psychisme du Verseau par son signe ascendant Scorpion ne seront pas mal accueillies.

Par son sentiment procréateur, celui qui est influencé par le signe du Scorpion se rattache au grand cycle naturel, et comme le Verseau est enclin à s'intéresser à l'ensemble des êtres humains, on se retrouve sur un terrain commun. L'ascendant ajoute à la psychologie du Verseau un sens critique aigu qui peut rectifier les éventuelles erreurs de jugement. Son flair psychologique instinctif joue le même rôle. En revanche un certain sens de la révolte inexistant chez le Verseau peut-être apporté par l'ascendant; ainsi le Verseau refusera les iniquités dont souffrent les autres et mènera son juste combat. Il sera certainement soutenu par le Mars du Scorpion, dont l'agressivité trouvera là un débouché facile et généreux.

Le type Verseau ascendant Sagittaire

Le natif du Sagittaire est un idéaliste ; il a toujours une vue élevée de chaque chose; c'est la signification de sa flèche. Il a des dons artistiques et il est généralement cultivé ; enfin, par ses quatre pieds de cheval, il reste bien fixé sur la terre : s'il suit l'envol de sa flèche, c'est en esprit et sans perdre de vue les nécessités quotidiennes.

Il s'agit de déterminer si ces traits de caractère se retrouvent dans le Verseau ayant le Sagittaire en ascendant.

Le Verseau reste toujours attiré par les innovations, les idées d'avant-garde. Le Sagittaire l'entraîne dans ce sens et de préférence sur un plan s'élevant vers un idéal universel.

Le Sagittaire, protégé par Jupiter, fera très probablement bénéficier le Verseau d'un supplément de vitalité et favorisera son expansion ; ses actions seront accomplies dans un domaine élargi, et avec plus de

---

James Dean.

force, la persuasion et plus de chances de réussite.

Le Verseau reçoit du Sagittaire des impulsions complétant admirablement son caractère et servant sa vocation. Il saura davantage se faire connaître du public, pour faciliter la diffusion de ses vues et la réalisation de ses projets, de plus en plus altruistes et humanitaires.

Type Verseau ascendant Capricorne

La planète qui régit le Capricorne est Saturne. Or, l'influence de Saturne, quand il se trouve dans le ciel d'un natif du Verseau, accentue le sens du dépouillement du superflu qui voile l'essentiel du Moi pour laisser paraître clairement ses sentiments idéalistes et humanitaires. Lorsque Saturne agit par l'intermédiaire de l'ascendant, il peut maintenir cette influence, bien qu'avec moins de force.

La personnalité du Verseau a beaucoup de chances de n'être pas du tout désorganisée par l'ascendant en Capricorne.

Le natif du Verseau qui a le Capricorne en ascendant sera influencé par certaines tendances saturniennes d'introversion. Sa vie intérieure sera intense, active, efficiente, mais son expression sera réduite : c'est dans son esprit que vont se développer les idées, les innovations, les thèses, et le Verseau n'en donnera connaissance à l'entourage que lorsque cela s'avérera nécessaire pour passer aux réalisations. Il saura le faire, alors, avec une grande sobriété de termes et sans phrases superflues.

Les saturniens sont entraînés vers le dépouillement. Le Verseau sous cette influence se détachera des intérêts matériels. Il devient un être ayant peu de besoins et peu d'ambition personnels, ne tenant, en somme, qu'à voir ses thèses acceptées, non par fierté personnelle mais par foi; non pour en tirer un avantage moral, politique ou matériel, mais uniquement parce qu'il pense que le bien est une notion absolue. La seule note discutable résidera dans l'estimation par les tiers de ce que le Verseau appelle le bien. En général, le Verseau se place sur une bonne trajectoire, mais il est possible qu'il soit contré par le manque de sens pratique.

Type Verseau ascendant Poissons

La planète qui gouverne le signe des Poissons est Neptune. C'est une tradition de nommer cette planète en premier lieu ; mais il ne faut pas oublier que Jupiter élit également domicile dans le signe des Poissons. Or, si Neptune est le rêve, le voile des illusions déformant toutes choses, Jupiter, planète expansive, apporte une grande extériorisation, une dilatation de l'être.

Ajoutons que dans le signe des Poissons, Vénus, la planète de la beauté et du charme, est en exaltation ; le Verseau a donc beaucoup à gagner d'un ascendant Poissons. Nous allons tenter de définir quelles seront ces influences.

La sensibilité donnée par Vénus au Poissons colore très nettement le psychisme apporté par le signe solaire.

C'est une sensibilité qui entraîne l'individu à se fondre dans la collectivité, non par principe, mais par tendresse.

Comme le signe des Poissons tend vers l'universel, il élargit les vues, déjà très amples, du Verseau et l'entraîne à étendre son action altruiste au-delà du quartier pauvre, au-delà des minorités défavorisées ou des pays sous-développés, vers l'univers tout entier qui, enveloppé dans son amour inspiré, va faire l'objet de ses projets comme de ses méditations.

Page suivante : Traité d'astrologie, *de Mohammed ibn Hasan el-Saoudi. Manuscrit turc de 1582.*

تقسيم درجات برج دلو

Troisième partie

Chapitre I

Le natif du Verseau devant les natifs des autres signes

Nous avons maintenant étudié sous toutes ses faces le natif du Verseau; nous connaissons son aspect physique, sa santé, ses capacités intellectuelles et professionnelles et les variations apportées par les différents ascendants possibles. Il reste maintenant à examiner le comportement du Verseau vis-à-vis des natifs de son propre signe, et surtout des natifs des onze autres. Il est évident qu'il ne va pas rencontrer toujours des types « purs » et que la notion de l'influence de l'ascendant devra encore être prise ici en considération.

Quand deux personnes se rencontrent, de ce contact psychologique et intellectuel peut naître tout un enchaînement de faits, de conséquences, de rebondissements qui, selon la nature de leurs rapports, créera amitié ou collaboration, froideur et distance, estime, admiration ou bien encore indifférence totale.

Avec un Bélier. Le Verseau, tourné vers l'avenir au sens le plus large du mot, sera certainement séduit par le goût du Bélier pour les entreprises nouvelles, l'initiative, et, en général pour ce qui l'entoure. Cet être toujours en mouvement, optimiste et vivant, lui sera sympathique. Peut-être lui trouvera-t-il une vision par trop matérialiste de l'avenir.

Mozart enfant. Gravure d'après Carmontelle. 1764.

Avec un Taureau. Le Verseau est éclectique. Le sens artistique manifesté généralement par le Taureau sera pour lui un langage parfaitement compréhensible. Ce que le Verseau comprendra moins, ce sera le goût du Taureau pour les biens matériels, meubles ou immeubles, car le Verseau est désintéressé.

Avec un Gémeaux. Un Verseau comprendra facilement et profondément la mentalité d'un Gémeaux. Il le devinera. Cependant, trop informé des possibilités de chacun, il sera tenté de manquer d'indulgence et de reprocher au Gémeaux une légèreté et une versatilité existant peut-être à l'état latent, mais que le Gémeaux ne réalise pas toujours dans la réalité.

Avec un Cancer. Le natif du Cancer est psychiquement très éloigné d'un Verseau. Peut-être le Verseau prendra-il les choses de haut, tendant à cantonner le Cancer dans une vie matérialiste bornée et concrète, lui interdisant la conception des vastes horizons cosmiques qu'il préférera se réserver.

Avec un Lion. Sur le disque du Zodiaque, le Verseau est diamétralement opposé au Lion. Devant ce feu solaire, ce cœur fait homme qu'est le natif du Lion, le Verseau se sentira de plus en plus porté vers les choses abstraites, tout en réservant au Lion une fort belle estime et une considération admirative et sincère.

Avec une Vierge. C'est peu dire que le Verseau comprend difficilement la Vierge. Ils peuvent travailler en collaboration, se fréquenter longtemps sans aucun dissentiment et ne jamais se comprendre. Ils ne vivent pas sur le même plan.

Avec une Balance. Le Verseau verra le natif de la Balance avec plaisir. Le Balance peut parler de tout, donc de ce qui intéresse le Verseau; de plus, animé par Vénus d'un grand potentiel d'affectivité, le Balance, homme ou femme, sait toujours conquérir l'interlocuteur s'il en a décidé ainsi !

Avec un Scorpion. Il ne semble pas possible *a priori* que ces deux sujets puissent trouver un terrain d'entente. Les préoccupations du Scorpion vont paraître étroites au Verseau, et sa violence bien inutile. Si aucun élément spécial ne crée entre eux un lien, ils se sépareront sans s'être profondément compris.

Avec un Sagittaire. Le Sagittaire étant très sociable, le Verseau pourra trouver à son contact du plaisir et de l'intérêt. Ils peuvent éventuellement s'intéresser à des problèmes semblables. Ils peuvent se retrouver engagés dans une amitié enrichissante.

Avec un Capricorne. Devant le Capricorne qui, très simplement se montre tel qu'il est, ne jouant aucun jeu conventionnel, exprimant ses idées comme elles lui viennent, le Verseau, après quelque étonnement, peut faire mille avances pour créer des liens d'amitié.

Avec un Poissons. Un Verseau regarde volontiers un Poissons comme le détenteur de certains mystères, dont il serait prêt à lui livrer la clef. Très attiré, le Verseau éprouvera le désir d'une amitié longue et sincère avec le Poissons, qui, de son côté, saura apprécier la largeur de vues du Verseau.

Ainsi peut-on définir le début des relations qui peuvent naître entre un Verseau et les natifs des autres signes. Maintes circonstances peuvent compliquer le déroulement ultérieur de ces relations. Mais telles qu'elles sont esquissées ici, elles constituent une solide et utile information.

Intérêt de cette question dans la vie pratique

Ce chapitre est essentiel. Au fond, quand nous souhaitons être informés sur la personnalité des natifs d'un signe déterminé, ce n'est pas dans la solitude et le désert que nous imaginons l'être qui nous intéresse, mais dans la vie, mêlé à la foule, mêlé à ses amis, à ses camarades de travail, à ses concurrents, plongé dans les soucis de sa carrière, et surtout, car c'est principalement en cela que l'on s'intéresse à la psychologie des autres, placé devant l'expérience décisive, inéluctable et vitale de l'amour.

Dans la vie professionnelle, savoir comment se comportera, réagira, telle personne dans l'ambiance de son travail, au sein d'une équipe, à un poste de commandement, en qualité de collaborateur, exige aussi que l'on connaisse le caractère des rapports humains de l'individu envers les natifs des autres signes. Placez dans un même service deux signes en hostilité, ou incapables de se comprendre, ou désireux de commander tous deux, et l'équipe ne travaillera bien qu'avec des efforts supplémentaires que l'on peut éviter en plaçant ensemble des gens qui sont psychiquement, donc astrologiquement, en harmonie. La Vierge obéit facilement au Lion. Le natif des Poissons a besoin d'une directive ferme et le Scorpion donne un caractère agressif, qui ne supporte aucune contrainte...

Mais l'amour et la vie conjugale restent les points les plus importants. On peut changer de métier, de collègues, de chefs ou de collaborateurs; il est toujours navrant de rater sa vie conjugale : la cellule familiale reste la base la plus ferme et la plus rassurante dans un monde qui se défait, qui semble passer par des crises sociales de plus en plus aiguës. Éviter des erreurs, ou en être averti, se comporter avec prudence, c'est un des éléments de réussite de la vie privée. Et c'est une des clefs les plus précieuses du succès et du bonheur.

Le Verseau et l'amour

Nous avons vu à l'occasion de l'étude de chaque signe du Zodiaque, effectuée dans les volumes de cette série, que la vie humaine avait été divisée par les astrologues en douze secteurs appelés Maisons et simplement désignés par un numéro toujours écrit en chiffres romains, de I à XII. C'est la Maison V qui concerne l'amour.

Le Verseau a le signe des Gémeaux dans la Maison V. On en déduit que les caractéristiques du signe des Gémeaux colorent la vie amoureuse et sexuelle des natifs du Verseau, car en Astrologie tout est un et tout est harmonie.

La planète qui gouverne les natifs des Gémeaux est Mercure. Celle qui gouverne le signe du Verseau est Uranus. Dans le domaine de l'amour et de la sexualité, on doit donc étudier la nature des rapports entre Mercure et Uranus.

Uranus, c'est avant toute chose le progrès et le devenir. Mercure, le messager des dieux, la communication. Transposons ces bases dans le domaine affectif et sexuel.

La Maison V couvre le secteur de la sexualité, mais les Maisons sont douze, et elles ne sont pas étrangères les unes aux autres. Le Verseau, d'après ce que nous avons vu au cours des précédents chapitres, ne peut certainement pas réagir aux seules conditions physiques. La présence de Mercure en Maison V indique qu'il apprécie le contact sensuel et aussi sensoriel; il perçoit avec plaisir les éléments concrets du partenaire et les ressent physiquement. Mais selon son psychisme évolué, il ne peut pas se satisfaire du seul contact physique; que son corps s'accorde avec celui du partenaire est un élément positif dans son expérience amoureuse, mais non décisif. Il faut autre chose.

Mercure n'apporte pas de sensualité aux natifs des Gémeaux; ce sont des cérébraux. Cette nuance se

Mercure. *Illustration pour* l'Escalier des sages, *ouvrage d'alchimie de 1693.*

retrouve chez le Verseau; la cérébralité compte au moins autant pour lui que la sexualité en amour. Il faut donc qu'il apprécie cérébralement le partenaire pour l'aimer. Cela ne veut pas dire qu'il doit trouver le partenaire intelligent, mais qu'il se fasse de lui une idée raisonnée, logique et bien définie, et que cette idée lui plaise. Il peut aimer un génie, un artiste ou un être élémentaire, s'il décide intellectuellement et cérébralement que c'est celui-là qui lui convient.

L'élément cérébral entraîne un amour-tendresse qui s'ajoute à l'amour-sensualité.

Le Verseau est un instructeur dans l'âme

Par ses diverses qualités et par l'usage qu'il en fait, il se trouve que le Verseau ne peut jamais être considéré par son partenaire en amour comme un être-objet. Il faut qu'il évite ce mode de vie. On doit insister sur ce point car il se trouve que, lorsqu'il croit avoir rencontré l'être de sa vie, le Verseau, homme ou femme, tend à tout faire pour être agréé et aimé; or, cette dernière concession lui est fatale, ou au moins fatale à sa vie amoureuse. S'il accepte de se défaire de sa valeur propre et de se laisser considérer comme l'objet d'un amour et non comme un être libre et indépendant qui accepte d'aimer et d'être aimé en retour, le Verseau sera responsable de l'échec de sa vie amoureuse.

Donc, il doit garder son importance d'être humain intelligent, libre, indépendant et méritant la considération.

Il faut que le partenaire respecte le Verseau. Cette prétention est amplement justifiée. Un Verseau est psychiquement évolué, et pour que les circonstances n'aient pas entravé son évolution naturelle, il est généralement cultivé et civilisé. Il est aussi bon et sensible. Il peut constituer un exemple vivant et montrer la voie aux autres. Le Verseau, se méfiant de

Illustration de Philippoteaux pour un ouvrage de Jules Verne (éd. Hetzel).

ses sentiments, doit éviter d'attirer chez lui des gens qui vont exiger qu'il s'abaisse ou qui vont abuser de sa bonne foi. Sensible à la flatterie, il risque souvent de se laisser entraîner plus loin qu'il ne le faudrait.

Le signe du Verseau a des qualités particulières; la personnalité des natifs de ce signe est originale; il faut éviter à tout prix de la modifier; le risque est grand, car en matière de sexualité, un Verseau éprouve le besoin de comprendre son partenaire, ce qui en général lui est facile, mais aussi d'en être compris, ce qui n'est pas toujours le cas. Il est nécessaire qu'avant de s'engager pour la vie, un Verseau attende le moment où il se sent heureux non seulement extérieurement, mais jusqu'au plus profond de son être. S'il le faut, qu'il fasse quelques expériences.

Un autre écueil est la dispersion. Comme un Verseau, à cause de la présence de Mercure, planète mobile, dans sa Maison V des amours, aime particulièrement accorder l'aventure sentimentale et les déplacements, il attire surtout des êtres superficiels et agités, qui ne lui conviennent pas; il faut qu'il le sache et qu'il en tienne compte.

Un Verseau, par nature, comprend l'Astrologie et, en général, est tenté de lui faire confiance. Ainsi trouvera-t-il en elle des informations dont il devra tenir compte dans le choix de l'être qui partagera son existence.

Le côté négatif du Verseau

Un Verseau n'a pas uniquement des qualités et sa personnalité, comme toutes les autres, a ses revers.

En général, il a des vues larges et veut les réaliser sans passer par les états intermédiaires. Transposez cela sur le plan de l'amour : il veut tout de suite le grand, le vrai, l'idéal bonheur et, évitant les stades intermédiaires, il ne fait aucune expérience préliminaire;

dès qu'il est ému sexuellement, il croit que c'est arrivé et, quelque temps plus tard, quand la passion s'éteint, il regrette ce qu'il a fait. Il faut qu'il pense sérieusement que tout se gagne et se mérite et qu'on ne saute pas d'un seul bond au sommet : il faut grimper palier par palier, et mettre le temps nécessaire pour atteindre le but qu'on s'est choisi.

En se corrigeant, le Verseau évitera de blesser les gens qu'il aime; lorsqu'il se lance dans une expérience amoureuse, dès qu'il sent que l'échec s'annonce, il devient aigre, dur, vexant, irascible envers sa partenaire, qui n'y est pour rien.

Intelligent, mais têtu. L'entêtement est parfois une qualité, mais ici c'est un défaut. On peut se rendre insupportable par l'entêtement. La vie commune exige une certaine souplesse.

Vivre pour les autres et avec les autres

Un Verseau ne pense qu'aux autres. Il a des sentiments généreux, altruistes, grands, beaux, efficients, dévoués, et l'intelligence qu'il faut pour leur donner la portée la plus vaste. Mais quand il faut vivre pour les autres, rien ne lui est impossible. Il ira apprendre à lire aux Indiens analphabètes, mais n'accordera pas d'attention à ceux qui l'entourent. Il se rendra parfois insupportable par son indifférence, négligera d'exprimer sa tendresse à son conjoint, oubliera de tenir compte des efforts de ceux qui lui facilitent les petites choses de la vie quotidienne.

Un Verseau sait vivre pour les autres, il doit apprendre à vivre avec les autres.

Un Verseau souhaite maîtriser son destin en ce qui concerne l'amour et sa vie privée. Mais il n'est pas souvent en mesure de le faire, car il n'accepte pas de conseil ou de leçon. Les conseils et les leçons, c'est lui qui les donne. Or, dans ce cas particulier, il a besoin d'avis judicieux. Il faut qu'il apprenne à être bon et agréable chaque jour, à chaque minute, et envers chacun; plus spécialement envers l'objet de son amour.

Le Verseau et la sexualité

S'il réunit les indications de sa Maison V, amour et sexualité, Gémeaux et Mercure, avec celles de sa Maison VII, Lion et Soleil, mariage et associations, il peut définir le style de ses expériences préliminaires et les aspirations qui le conduiront à une union heureuse.

Sur le plan de la sexualité, il n'est pas très facile à contenter. Et, dans le mariage, il exigera d'être satisfait aussi sur ce plan. Il a besoin d'un partenaire brillant, alerte, sensible, qui réagisse vivement et intensément à son amour. Or, il a tendance, lorsque ce n'est pas le cas, à s'accuser lui-même d'incapacité. Ce n'est pas la bonne méthode. Le fait est qu'il n'atteint pas le bonheur qu'il attendait et donc qu'il doit envisager de remédier à cette situation.

Le Verseau moraliste

Pour le Verseau, le mariage, de même que l'amitié, ne crée pas d'attitude possessive. Quand il s'engage, le Verseau est surtout affectueux, heureux, désireux de partager toutes les joies et aussi les peines; il rayonne de bonheur et du désir de rendre heureux. Mais il faut qu'il ait rencontré réellement l'être qui lui convient.

Un Verseau désire apprendre autant qu'il aime enseigner. Il étend cet état d'esprit à tous les plans, y compris celui de la sexualité. Telle une seconde nature, il a en lui le désir de l'expérience, de l'aventure.

Violer les règles traditionnelles, tant que cela ne heurte pas les grands principes humanitaires, n'est pas un fait très grave pour un Verseau. Sur le plan de l'amour, il ne se fera pas faute de faire toute sa vie des expériences. Cela fait partie de ses défauts : il exige des autres une moralité inattaquable; mais il est beaucoup moins sévère pour lui-même. Non par vice ou par hypocrisie, mais parce qu'il ne se rend pas très bien compte des dommages que sa conduite pourrait provoquer chez autrui. Il aime le flirt, même poussé assez loin, mais selon lui, il s'arrête avant de blesser les autres; simplement, il pense qu'il ne les blesse jamais; leur peine, il ne s'en aperçoit même pas. D'ailleurs, ayant dans sa Maison VII le Lion, rien d'étonnant à ce qu'en mariage il soit tenté d'agir en Lion !

Interrogé sur ce curieux état d'esprit, un Verseau répondra toujours que la sexualité et l'amour sont des domaines de l'expérience humaine et non quelque chose de secret ou de tabou.

Bien qu'empreinte de cette largeur de vues, la personnalité du Verseau n'atteint pas à un tel niveau qu'il ne puisse se permettre d'ignorer ce que les autres disent de lui; il tient encore davantage à connaître l'opinion des autres sur le conjoint. On a vu des Verseau nier leur propre plaisir, simplement parce qu'ils se sont aperçus que des tiers ne plaçaient pas le partenaire assez haut dans leur estime. C'est une curieuse intervention de Mercure et de la cérébralité.

Cette attitude vis-à-vis de l'opinion des tiers est une tare dans la personnalité fort belle du Verseau. Il doit s'en rendre compte, s'accepter comme tel, et puis, par paliers, se corriger, s'il veut atteindre à un bonheur complet, ainsi qu'à son plein épanouissement. Quand il a un (ou une) partenaire qu'il aime, qu'il ne se préoccupe plus de ce qu'en pensent les autres.

Clark Gable.

Conseils aux hommes, concernant madame Verseau

Dans sa jeunesse, madame Verseau a toujours été une fille hardie, s'intéressant aux innovations dans tous les domaines. Elle souhaite bâtir un monde meilleur; elle est assez intelligente pour définir ses matériaux et ses moyens : l'information, l'éducation, l'enseignement.

Par nature, madame Verseau se préoccupe de l'avenir plutôt que de se remémorer ce qu'elle faisait hier. Elle est attirée par toute occupation demandant un effort, exigeant de se dépasser. Ainsi, elle lit le plus souvent des livres dont la compréhension lui est difficile. Cet effort lui plaît.

Elle souhaite améliorer le monde, mais elle ne croit pas à la politique. Le monde entier est sa patrie et les petits combats que mènent les politiciens sont pour elle vaines agitations. C'est un point sur lequel il n'est pas nécessaire de chercher à modifier son opinion; elle est entêtée et ce problème est un de ceux auxquels elle tient le plus.

La lutte est pour elle un climat normal. Inutile de tenter de s'y opposer. A peine adolescente, elle luttait déjà contre l'autorité de ses parents. Adulte, elle luttera pour l'amélioration des conditions de travail ou pour défendre les victimes de l'injustice.

Conseils aux femmes, concernant monsieur Verseau

Un véritable Verseau accorde plus volontiers son attention à l'ensemble de l'humanité qu'à sa femme et à ses enfants. Il est ainsi et cette eau qu'il déverse sur la terre, dans le symbole de son signe, c'est sa générosité et son activité dont il veut faire profiter le monde entier.

Il voit les injustices collectives avant d'avoir conscience de celles qui le concernent. Inutile d'attirer l'attention sur ce point : il est intelligent, il appartient en général à une catégorie d'hommes sachant se tirer de toutes les difficultés; ce n'est pas la peine de risquer de se fâcher avec monsieur Verseau pour de telles broutilles.

Le Verseau des temps actuels agira en faveur de l'humanité par l'intermédiaire de groupements, de mouvements ou de partis.

Dans son milieu professionnel, il ne passe nullement pour un rêveur utopique, mais comme l'homme le mieux informé de l'entreprise qui l'emploie. Il est assez communicatif pour s'entendre parfaitement avec la clientèle. Il n'estime et ne considère les autres que selon ses critères personnels et jamais selon les habitudes.

La famille de monsieur Verseau le trouvera souvent décourageant, parce qu'incompréhensible. Mais ses actions et ses retournements ont une logique. Il progresse et s'informe.

Progresser malgré tout

Il est des domaines de la vie que le Verseau se met brusquement à considérer avec une parfaite indifférence. Il peut renoncer à un travail rémunérateur ou à une liaison amoureuse uniquement parce qu'il s'aperçoit qu'ils ont perdu soudain toute signification pour lui.

La femme qui accepte d'épouser un Verseau doit savoir qu'un grand nombre de Verseau se marient plusieurs fois. Pour lui, qui ne cesse de progresser dans sa marche en avant, une séparation n'est qu'une porte de plus qu'il franchit. Pour que ces séparations n'interviennent pas, il faut dans le cours de la vie conjugale que sa femme le suive d'un pas léger, avec une

attention soutenue et une présence imperceptible; il faut qu'elle se tienne au courant des moindres vibrations qu'enregistre l'esprit de son mari, afin d'entrer en résonance avec lui et de ne jamais rester en arrière.

Il faut qu'elle soit souple et en même temps fière; qu'elle soit modeste avec lui mais que les autres aient conscience de sa propre valeur.

L'indifférence du Verseau vis-à-vis des sentiments et des problèmes qu'il suscite chez ceux qui l'aiment, peut atteindre un paroxysme dans le cas d'aspects dissonants dans le thème astrologique.

On constate alors un certain goût pour le cynisme, pour les dures remarques qui blessent profondément une jeune femme, quand elles viennent d'un homme qu'elle aime. Après mille amabilités, plusieurs déclarations, toute sortes de preuves d'amour jugées irréfutables, comment s'attendre à une telle débauche de cruauté mentale et affective chez un être qui se dit, et qui est, évolué ?

Le Verseau devant le mariage

Le Verseau est toujours un être complexe. Nous sommes avec cette question sur le mariage au cœur même de cette complexité.

Évidemment, nul n'est simple. Ou bien cela tient à des causes particulières, venant du milieu, de l'entourage, des circonstances. Mais chez le Verseau, quand on parle mariage, la complexité atteint un degré extraordinaire.

Voilà une personnalité qui ne rêve que de monde idéal, où chacun trouve le bonheur et la plénitude de la vie. Un être acquis au progrès, dont on sait qu'il ajoute sans cesse à notre confort, et parfois même à notre bonheur. Un esprit compréhensif, généreux, clair, adroit, fin, réaliste. Comment se comporte-t-il dans la vie lorsque c'est son propre destin qui est en jeu ?

Vanessa Redgrave.

Il y a un problème dans la vie amoureuse du Verseau : il n'aime jamais les êtres tels qu'ils sont, mais tels qu'il les souhaite. Alors, il ferme les yeux et imagine que ces conditions sont réalisées. Il se laisse leurrer avec la plus grande facilité, et il le sait, ce qui est peut-être encore plus grave.

Quand il ne peut plus faire autrement que s'en apercevoir, il déclare : « On m'a trompé; j'ai été berné. »

Il devient alors résigné à son malheur et, avec une virtuosité qui plonge sa femme dans le désespoir, il se montre à la fois indifférent et autoritaire, exigeant l'amour auquel un mari peut s'attendre de la part de sa femme, mais n'accordant que mépris, parce que, selon lui, elle l'a trompé.

S'il ne réussit pas pleinement son programme, s'il commet la maladresse d'épouser une femme qu'il n'a pas « créée », ce sera l'exemple type de l'amour libre, tel qu'on le conçoit aujourd'hui, mais tel que le voyait déjà Marivaux... Le Verseau, dans ce cas, évite les voies classiques de la légalité, de la religion. Il se mariera civilement s'il le peut, et l'anneau qui ornera son doigt et celui de sa compagne n'aura qu'un sens purement social; elle n'est pas sa maîtresse, mais son épouse. Il préférera qu'elle ne le trompe pas, mais lui-même s'accordera toute liberté.

L'anneau, cette concession aux usages, n'aura aucun sens pour lui. Si sa femme cherche à l'enfermer dans la cage des usages conjugaux; aide financière, fidélité, présence, éducation des enfants, autorité maritale, il en abusera : il sera cinglant, vexant, d'une dureté de diamant et d'autant plus ouvert aux thèses altruistes et aux mouvements de bienfaisance.

Certains s'orientent vers une intellectualisation de l'amour, mais cette variante est difficile sans une certaine fortune, car il est des soucis, chez une maîtresse de maison et mère de famille, qui éclipsent tous les jeux de l'esprit.

Portrait modèle de l'épouse d'un Verseau

Quelle que soit l'attitude du Verseau vis-à-vis de l'amour, du mariage et des femmes en général, il n'en est pas moins vrai qu'il aborde le problème avec un très grand besoin de créer un climat de confiance. Comme tous les hommes, il a rêvé de l'éternel féminin, et comme tous les hommes, il s'est fait fort de le rencontrer.

En premier lieu, l'homme du Verseau a besoin de l'estime de la femme qu'il aime. Il est loin de mépriser le sexe faible et ce n'est pas un conquérant du type « don Juan ». Mais il ne faut pas oublier qu'il veut retrouver dans sa partenaire toutes les femmes. Il veut qu'elle soit une maîtresse passionnée, libérée des préjugés, qu'elle ne se soumette pas aveuglement à toutes sortes de conventions, qu'elle soit une compagne tendre, mais aussi la femme avisée sachant créer l'ambiance d'un foyer où il fait bon demeurer. Il faut aussi qu'elle soit une amie respectant toutes les autres amitiés de son mari.

C'est beaucoup demander. Peut-être. Mais, s'il a cru trouver cela en celle qu'il épouse, il faut qu'elle joue le jeu, et ce n'est pas facile.

Le Livre des rois, *manuscrit persan du XVIIe siècle.*

Chapitre II

Monsieur et madame Verseau et l'amour

Nous savons maintenant qui sont monsieur Verseau et madame Verseau et comment l'un et l'autre réagissent devant la vie. Les rapports avec les natifs des autres signes doivent maintenant être examinés en détail; il n'est jamais déconseillé de se lier avec une personne de tel ou tel autre signe; ce qu'il ne faut pas faire, c'est tenter de plier un caractère et de l'introduire dans le moule qu'on veut lui imposer. On ne modifie personne; on crée seulement des murailles d'incompréhension qui finissent par séparer complètement les couples.

Quel que soit le signe de celui ou celle que vous aimez, ou qui vous aime, vous pourrez toujours vous en accommoder; mais il est bon, pour cela, que vous sachiez à quoi vous devez vous attendre. Ainsi ne serez-vous pas surpris ni déçus; nous avons tous à peu près le même lot de qualités et de défauts; l'important c'est de savoir nous accommoder de ceux d'autrui.

Madame Verseau devant monsieur Verseau

Avant de rencontrer monsieur Verseau, madame Verseau aura pensé plusieurs fois rencontrer l'amour. Mais ce n'était pas définitif... Tous deux se reconnaissent généralement à la première rencontre; l'un et l'autre quittent tout être avec lequel ils pensaient vivre, et l'un et l'autre s'avancent et expriment leurs sentiments. Chacun a de nombreux amis; chacun s'intéresse à bien des choses. Ce n'est pas une vie monotone qui attend madame Verseau avec un époux du même signe.

Leur bonne surprise sera de se trouver d'accord sur la plupart des questions intellectuelles dès le premier jour. Les problèmes de la spiritualité, également, se manifestent chez eux de la même façon.

Physiquement, les choses seront moins simples. L'un et l'autre feront preuve d'aplomb et de sang-froid. Il faudra un certain temps à madame Verseau pour trouver en monsieur Verseau les mêmes élans que les siens et ce même désir de donner du bonheur.

Ils sont tous deux éminemment sociables et accessibles à la compassion, ils auront l'un et l'autre leurs œuvres, leurs associations dans lesquelles se manifeste leur désir insatiable de soulager le monde de ses peines.

L'un comme l'autre seront insouciants de leur confort personnel. Il est possible que madame Verseau dépense beaucoup plus que ne lui permet le salaire de son mari; il est possible que ce soit lui qui dépense trop.

L'esprit de madame Verseau, bien que très semblable à celui de monsieur Verseau, est plus malléable; comme l'un et l'autre chemineront sans cesse vers leur progrès personnel, s'il se trouve que la voie suivie par madame Verseau n'est pas la même que celle qu'a choisie monsieur Verseau, il sera préférable que madame Verseau rectifie son propre itinéraire : elle le fera plus facilement que monsieur Verseau.

Il ne faut pas que madame Verseau espère faire fortune avec monsieur Verseau. Il est fort possible que les fonds du ménage connaissent des hauts et des bas; dans ce cas, elle sera prudente, en sachant travailler pour alimenter la caisse commune, afin que le foyer puisse continuer à rester agréable et paisible et que leur ménage ne souffre pas trop de la gêne passagère.

Quoi qu'il en soit, le couple Verseau ne risque pas de trouver la vie ennuyeuse le moins du monde.

Monsieur Verseau devant madame Verseau

Quand le couple se compose de deux Verseau, il est bon de prévoir une troisième personne pour assurer les travaux matériels; ni l'un ni l'autre n'apprécie les besognes ménagères; ils ont tant de cordes à leur arc !

L'union des deux Verseau est toujours un commencement; ils feront table rase de tout ce qui a été, seront heureux de faire des plans, et monsieur Verseau se sentira maître d'œuvre, ce qui n'est pas pour lui déplaire. Madame Verseau, de son côté, suivra monsieur Verseau dans ses projets, mais elle est loin de se passionner pour l'organisation matérielle de la maison; elle préfère s'intéresser à des problèmes infiniment plus lointains et d'ordre plus théorique.

Madame Verseau aura tendance à suivre sa propre route, tandis que monsieur Verseau croira toujours qu'elle l'écoute; aussi, pour ne pas lasser son attention et pour que l'enthousiasme des premiers mois dure toute la vie, il sera nécessaire que monsieur Verseau invente des sujets d'excitation, des aventures pour faire durer le climat passionnel de leur union.

Il y a suffisamment de sujets d'intérêt pour que ni l'un ni l'autre ne s'ennuie, mais il sera toujours préférable de veiller à ce que les routes des deux époux se confondent. Le côté intellectuel des Verseau compensera l'extinction possible de leur amour physique réciproque. Qu'ils demeurent de bons amis et leur union sera confortée.

Madame Verseau devant monsieur Bélier

Madame Verseau rencontrera monsieur Bélier et, tout de suite, ils seront comme deux coqs de combat. Une discussion les rapprochera, bien qu'ils soient d'opinions opposées. Tout en discutant, monsieur Bélier ne manquera pas de remarquer que madame Verseau est élégante et spirituelle. Une grande amitié peut naître entre eux, bien que leurs amis n'y croient pas. Puis, cette amitié deviendra de l'amour.

Ce que madame Verseau appréciera dans monsieur Bélier c'est son enthousiasme permanent qui l'entraîne à toujours recommencer de nouvelles expériences, de nouvelles aventures, de nouvelles tentatives. L'un et l'autre sont avides de nouveautés, d'innovations.

Si madame Verseau se trouve un jour dans l'embarras, elle pourra apprécier la présence d'esprit de monsieur Bélier qui a beaucoup de cran et de vivacité. Alors, elle se sentira attirée par lui et elle aura une chance car monsieur Bélier ne demande qu'à l'aimer.

Devant tant d'élan et d'exubérance, madame Verseau sera bien obligée de prendre une décision; si elle veut s'en tenir à l'amitié, à la camaraderie, elle perdra à coup sûr monsieur Bélier qui s'en ira définitivement, vexé et déçu.

Si elle accepte de l'épouser, il sautera de joie et le mariage sera prononcé avant même qu'elle ait fini de s'étonner.

Monsieur Bélier posera souvent des questions précises à sa femme, notamment pour lui demander ses goûts en musique, en peinture et pour connaître l'évolution de ses opinions. Elle s'étonnera de le voir s'intéresser ainsi à elle : c'est que monsieur Bélier veut connaître toutes les possibilités émotionnelles de celle qu'il aime.

La présence de madame Verseau dans la vie de monsieur Bélier atténuera l'agressivité de ce dernier; elle l'influencera sans même s'en rendre compte. Lui-même essaiera d'influencer sa femme plus fortement que personne ne l'a jamais fait.

Madame Verseau ne pourra que se féliciter de la force physique et de la virilité de monsieur Bélier et elle sera consciente de la chance qu'elle a eue de le rencontrer.

Monsieur Verseau devant madame Bélier

Quand le Verseau habite la Maison I, le Bélier est dans la Maison III, celle qui concerne, entre autres choses, les petits voyages, les idées, les proches parents.

Il y a suffisamment d'harmonie entre les deux éléments de ce couple, mais peu de repos ! Le Mars du Bélier renforce l'action d'Uranus, planète du Verseau, lui donnant le dynamisme nécessaire pour se lancer dans les études; monsieur Verseau sera donc encouragé par madame Bélier à entreprendre un travail d'études et de recherches intellectuelles.

Monsieur Verseau aura le plaisir de constater que madame Bélier est physiquement attirée vers lui et qu'il la rend heureuse. C'est un des éléments positifs de cette union. En revanche, monsieur Verseau sera toujours sur le qui-vive, craignant sans cesse que madame Bélier, qui adore le changement et qui s'y décide avec une grande soudaineté, ne bouleverse son programme et ses projets.

Monsieur Verseau voudrait bien être l'élément dominant du couple, mais le Mars de madame Bélier voudra peut-être avoir en main le commandement; cette rivalité peut apporter une ombre au tableau; il est facile d'éviter cet écueil quand on est prévenu; il suffit de bien poser les règles du jeu et, à chaque décision, d'en parler et de trancher le dilemme ensemble. En cas de désaccord, il est probable que, si monsieur Verseau ne se précipite pas vers la solution qu'il préconise, madame Bélier aura vite fait de suivre sa propre idée.

Madame Verseau devant monsieur Taureau

Madame Verseau fera la conquête de monsieur Taureau par son goût pour les œuvres d'art et par sa

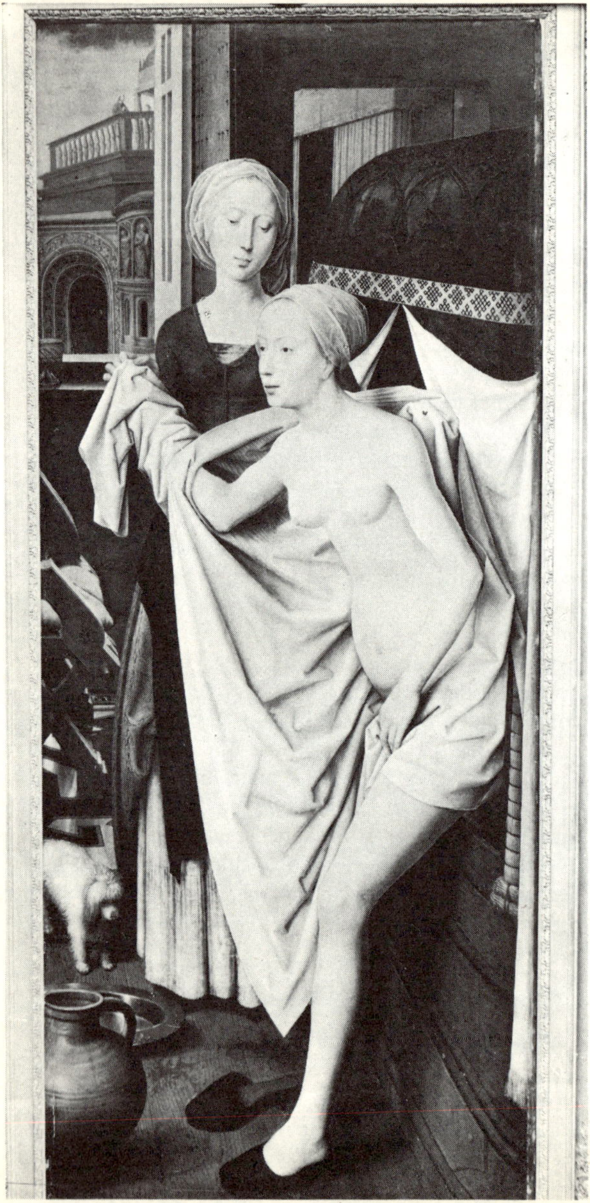

gentillesse envers les autres. Il pensera tout de suite avoir rencontré la femme idéale. Madame Verseau accueillera favorablement les premières avances de monsieur Taureau; puis, elle réfléchira et s'apercevra qu'il y a entre eux de grandes différences de goût. Elle n'appréciera peut-être pas que monsieur Taureau attache une telle importance à certains détails de la vie matérielle pour lesquels elle conçoit le plus grand mépris.

Elle dédaigne habituellement tout ce qui a quelque rapport avec le confort; surtout si c'est elle qui doit assurer l'entretien de la maison...

Pour monsieur Taureau, le confort est une nécessité.

Il ne faut pas croire, cependant, que monsieur Taurcau est un vaniteux fier de sa fortune; pas du tout : il a des goûts et des dons artistiques; en général, il chante bien, s'y connaît un peu en peinture et adore le théâtre. Mais il n'apprécie pas la vie rustique, les excursions ni les installations trop simplistes.

Monsieur Taureau sera toujours heureux d'offrir à madame Verseau les belles toilettes et les fourrures qu'elle aimera mais, hors les présents qu'il fait spontanément, il est assez économe. « Il n'attache pas ses chiens avec des saucisses » et n'aime pas du tout jeter l'argent par les fenêtres.

Madame Verseau, attendrie, fera de son mieux pour être la femme élégante et sophistiquée que son mari adore avoir près de lui et veillera, par reconnaissance, à mieux soigner leur intérieur. Cet échange de bons procédés portera ses fruits et ils auront enfin une communauté d'idées et de goûts qui fortifiera leur union.

Monsieur Verseau devant madame Taureau

Le signe du Taureau habite dans l'horoscope du Verseau la Maison IV. C'est celle qui concerne les

---

Bethsabée au bain, *par Hans Memling, XVe siècle (Staatsgalerie, Stuttgart).*

rapports avec les parents, la vie privée, le foyer.

La planète du Taureau est Vénus; celle du Verseau est Uranus. L'union de ces deux planètes, la beauté et la réorganisation, peut pousser à des idées originales.

Il est probable que madame Taureau demandera à monsieur Verseau de modifier du tout au tout son style de vie, l'allure de sa maison, le caractère de ses sorties dominicales. Elle instituera des habitudes régulières et tranquilles que monsieur Verseau trouvera, dans son for intérieur, « horriblement bourgeoises », mais qu'il acceptera de crainte de se ridiculiser et de perdre l'amour de madame Taureau. Car la présence de madame Taureau a mis dans sa vie de l'ordre, du confort, et beaucoup d'occupations d'ordre artistique.

Monsieur Verseau pourra constater, si elle l'aide dans sa profession, que madame Taureau possède un grand sens pratique et qu'elle sait très bien se débrouiller dans les questions commerciales. Elle sera pour lui une collaboratrice ferme et utile qui lui apportera un soutien efficace.

Il est utile que l'un et l'autre prennent garde de veiller sur leur union car elle restera longtemps fragile.

Madame Verseau devant monsieur Gémeaux

Madame Verseau sera d'abord charmée par monsieur Gémeaux; la mobilité, la souplesse de caractère de ce garçon risque de la désarçonner et de lui faire perdre la raison. Juste le temps de l'épouser et puis, elle se reprendra et contemplera avec un certain désarroi le résultat de cette fièvre passagère.

L'un et l'autre sont nés sous un signe d'Air; leurs esprits suivent la même direction et même il arrive parfois que l'un termine les phrases commencées par l'autre. Mais quand la fièvre du premier élan sera calmée, madame Verseau ne sera pas peu étonnée de se

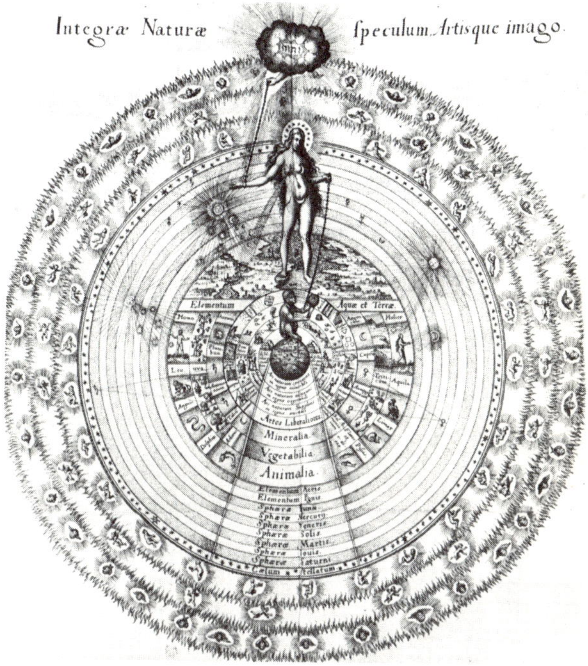

Image du Monde. *Gravure tirée de l'*Utriusque Cosmi, *de Robert Fludd. Francfort, 1617.*

retrouver avec cet étrange et fantaisiste garçon auquel elle ne comprend pas toujours grand-chose.

Ce ne sont pas de grands sentimentaux. Ils ont maintenant toute la vie pour se demander ce qui les a poussés à se marier.

Ils sont, l'un et l'autre, dédaigneux de l'opinion d'autrui et, quelles que soient les idées qui passent par la tête de madame Verseau, monsieur Gémeaux se fera une joie de les satisfaire.

Il est indéniable que la vie de madame Verseau unie à monsieur Gémeaux ne sera absolument pas ennuyeuse. La seule ombre au tableau sera dans les variations qui caractérisent le budget de monsieur Gémeaux et celles qui nuancent ses états amoureux. Versatile et insouciant, il peut porter ailleurs ses faveurs et sa tendresse et, soudain désargenté, vider complètement les caisses, tandis que madame Verseau marchera d'un pas assuré vers son propre devenir.

Il sera nécessaire que madame Verseau canalise soigneusement et rigoureusement les fantaisies de monsieur Gémeaux, et elle aura la tâche plus facile si elle l'entraîne dans des voyages amusants et improvisés.

Tous deux versés dans les spéculations intellectuelles, ils auront des quantités impressionnantes de livres et de revues et leurs enfants sauront tout avant d'avoir rien appris, seulement en écoutant leurs parents.

Un couple vivant et moderne qui trouvera son accord parfait dans les placements et la lecture.

Monsieur Verseau devant madame Gémeaux

Dans l'horoscope de monsieur Verseau, le Gémeaux habite la maison V : projection du « moi » dans le monde des plaisirs, le monde de l'art; le monde de l'amour et des jeux; le monde des spéculations. Il peut y avoir des problèmes concernant les enfants.

D'autre part, la planète Mercure des Gémeaux s'accorde parfaitement avec Uranus du Verseau. Mercure favorise les communications, les déplacements, les spéculations intellectuelles. Uranus met de l'ordre dans le chaos, dans les idées, dans la vie. C'est une planète de progrès, d'avenir, des innovations. Réunies, ces deux planètes peuvent favoriser une existence originale moderne avec des idées, des lectures, des activités intellectuelles.

Il ne peut s'agir d'une union bien classique, avec de nombreux enfants et une mère de famille faisant de la bonne cuisine. Il y a plus de chances que la tendance se dirige vers des enfants vifs et turbulents, entre des parents tout aussi vifs et fantaisistes, avec des repas à n'importe quelle heure et des régimes originaux et imprévus, des enfants heureux et très familiers avec leurs parents, qui garderont de leurs années de jeunesse un souvenir ébloui.

Une recommandation : que le couple veille à se maintenir dans un certain réalisme; trop de fantaisie pourrait conduire à des revers. Gardez, l'un et l'autre, les pieds sur terre. A ce prix, vous serez très heureux.

Madame Verseau devant monsieur Cancer

Monsieur Cancer est un homme calme, poli, courtois, doux et, quand on le connaît mieux, très affectueux, très sentimental, plein de délicatesse. Il inspire confiance parce qu'on le devine solide, compétent, et parce qu'il fait preuve d'une grande gaieté dès qu'une affaire tourne bien, dès qu'un projet se réalise.

Quelque temps après le mariage, ce couple, comme bien d'autres, va se découvrir dans sa réalité. Madame Verseau connaîtra un monsieur Cancer aimant son intérieur et trouvant tout naturel, en rentrant à la maison après une journée de travail, de voir sa femme en train de lui mijoter de bons plats dans une cuisine étincelante.

L'impératrice Elisabeth d'Autriche.

Madame Verseau trouvera des compensations à ses efforts dans la tendresse inépuisable dont est capable monsieur Cancer. Cela suffira-t-il à lui faire oublier les réunions d'amis et amies, les interminables discussions dans les brasseries ? C'est possible , mais elle devra y mettre un peu de bonne volonté.

En dehors de cela, leur goût commun pour les voyages pourra leur procurer des vacances inoubliables. Les paysages sous la lune sont l'idéal pour monsieur Cancer.

Dès qu'un nuage pointe à l'horizon conjugal, faites l'un et l'autre très attention ! Il y a un risque de rupture qu'il faut que vous évitiez à tout prix ! Un excellent remède à toute mésentente entre madame Verseau et monsieur Cancer c'est le fait d'exercer ensemble un travail professionnel, exploiter ensemble une affaire; là, les capacités de l'un et de l'autre se compléteront admirablement, la douceur et la bonté de monsieur Cancer feront le reste, aidé par l'amour qu'éprouve toujours pour lui madame Verseau.

Toutes les unions ont besoin d'être soigneusement entretenues pour durer longtemps dans un véritable bonheur. Il faut s'en donner la peine. Monsieur Cancer est plein de bonne volonté et ne contrariera jamais madame Verseau dans ses goûts personnels, mais elle sera prudente en s'appliquant à lui plaire et à lui faire la vie douce.

Monsieur Verseau devant madame Cancer

Le Cancer habite la Maison VI dans le ciel du Verseau. C'est le secteur du travail quotidien, de la santé et des régimes qu'il faut respecter pour la conserver. La planète dominante du signe du Cancer est la Lune. La planète du Verseau est Uranus. Ces deux astres, en s'unissant, favorisent les relations et le travail professionnels.

Quand il s'agit de terminer et de parachever un travail important, la collaboration entre monsieur Verseau et madame Cancer est excellente. L'un et l'autre se sentent très indépendants à l'égard des usages et des traditions, mais madame Cancer parlera toujours de leur sécurité. Pour elle, la sécurité est une chose primordiale.

Si ce couple entreprend l'exploitation d'un brevet, de préférence dans la parfumerie ou la cosmétologie, il s'entendra parfaitement bien sur le plan professionnel et, après quelques essais, brusquement la réussite se fera éclatante.

Monsieur Verseau s'envolerait facilement vers les infinis horizons des grands courants d'idées philantropiques, mais madame Cancer le retient au sol en lui rappelant que « charité bien ordonnée commence par soi-même » et que le ciel vient toujours en aide à ceux qui commencent par s'aider eux-mêmes.

Il est possible que ce couple arrive au succès et à la renommée, s'il s'installe dans une collaboration régulière sur le plan professionnel.

Madame Verseau devant monsieur Lion

Le Lion est signe de Feu. Si madame Verseau se laisse aimer par lui, si elle s'engage elle-même sur cette voie, elle va littéralement « jouer avec le feu ». Le Lion a le Soleil pour cœur. Il est particulièrement ingénieux pour donner à madame Verseau une importance toute particulière que tout le monde doit reconnaître; car le Lion ne peut pas s'éprendre de n'importe qui. Dès qu'il aime, il rend absolument extraordinaire l'objet de son amour. C'est ainsi que l'on bâtit les réputations.

Sa demande sera peut-être formulée d'une manière particulière; sans doute invitera-t-il madame Verseau a devenir dans sa vie la première femme, la personnalité numéro un.

Pendant ce temps, madame Verseau poursuivra sa propre évolution et peut-être un jour dépassera-t-elle monsieur Lion pour lequel désormais elle concevra beaucoup moins d'admiration, se demandant parfois ce qui a bien pu l'attirer en lui.

Les dépenses de monsieur Lion, qui aime tout ce qui brille, peuvent choquer madame Verseau qui a toujours présentes à l'esprit les épreuves subies par les populations sous-alimentées.

Monsieur Lion est tout à fait conventionnel, traditionaliste et croit à la valeur des lois humaines. Madame Verseau ne croit qu'à la liberté individuelle et au respect de cette liberté; c'est plus simple, mais d'une application beaucoup plus difficile. Il pourrait y avoir entre eux quelques discussions à ce sujet.

Monsieur Lion admirera enfin sa femme et considérera qu'il a eu le bonheur d'épouser une femme très intelligente. Madame Verseau appréciera les élans ardents de son Lion et admettra qu'elle peut être fière d'un homme qui lui assure, avec une vie confortable, le tribut régulier de son admiration.

Monsieur Verseau devant madame Lion

Dans l'horoscope du Verseau, le Lion habite la Maison VII. Elle concerne les réactions vis-à-vis des tierces personnes, les rapports avec les associés, avec le conjoint, avec les adversaires. La planète du Lion est le Soleil. Uni à Uranus, planète du Verseau, le Soleil provoque un climat joyeux, plein de fantaisies.

Le couple sera dynamique, avec une grande attirance pour les amis, les tierces personnes, le public.

Le signe du Verseau et le signe du Lion sont en opposition, mais une opposition sympathique, ils se complètent et le Lion pourrait être un excellent

Manuscrit persan du XVIIe siècle.

agent de relations publiques ou un attaché de presse très efficace pour le Verseau.

Ainsi, monsieur Verseau peut-il trouver une aide précieuse dans le concours de madame Lion.

L'union Verseau-Lion est excellente pour les voyages, les écrits, les publications.

L'équipe que constituera ce couple sera excellente dans les grandes lignes d'un projet, moins, peut-être dans la réalisation des détails.

Madame Verseau devant monsieur Vierge

Madame Verseau trouvera en monsieur Vierge un être calme et pratique qui sera particulièrement précieux en période de crise pour rétablir le sang-froid général et résoudre les problèmes.

Ce qui lui plaira aussi en monsieur Vierge' c'est son goût d'acquérir toujours de nouvelles informations et de se tenir toujours au courant des progrès dans quelque ordre que ce soit. Il est surtout orienté vers les éléments intellectuels et parle de ce qui l'intéresse non avec une passion affective, mais avec beaucoup d'esprit logique, clair et un raisonnement juste. Il appréciera que madame Verseau aime s'occuper de réformer le monde et la société : il arrivera parfois qu'il ait une attitude muette et légèrement critique à son égard lorsqu'elle se trouve en présence des personnages qui ne l'intéressent pas; elle ne supporte que difficilement leur conversation qu'elle juge futile.

Une existence intellectuelle très bien remplie, avec des conversations passionnantes à leur sujet, des goûts artistiques à peu près équivalents, feront de ce couple une association pleinement compréhensive et les unira par des sentiments durables sinon brûlants.

S'il y a un jour une rupture, elle viendra de madame Verseau; en effet, comme madame Verseau progresse sans cesse, elle pourra se trouver fort en avant de monsieur Vierge et se lasser de demeurer auprès de lui ; elle s'en ira alors, sans acrimonie, sans haine, mais avec l'indifférence totale qu'elle accorde à ceux qui ne l'intéressent plus.

Monsieur Vierge saura retenir madame Verseau par son amour qu'il voudra aussi près que possible de la perfection ; il s'attachera à la satisfaire sur le plan physique et aussi sur le plan affectif. Il sera un amant attentionné et un mari prévenant ; il sera aussi un grand frère protecteur et ôtera les pierres de son chemin pour lui rendre la vie facile. Dans le couple, il représente l'élément stable et il peut fort bien retenir sa chère Verseau par ses qualités modestes, mais efficaces, qui améliorent au plus haut point la vie de chaque jour. En somme, madame Verseau, même si elle se sent à cent coudées au-dessus de monsieur Vierge, ne pourra peut-être pas renoncer à tant de prévenances ni à la présence d'un amant efficace qui lui a donné une grande sérénité physique et morale.

C'est ce que nous lui souhaitons car il y a des couples Verseau-Vierge qui durent dans le bonheur, et non dans la patience forcée de ceux qui se supportent à peine, et seulement parce qu'ils sont des gens bien élevés !

Monsieur Verseau devant madame Vierge

Il y a une telle différence entre Verseau et Vierge que monsieur Verseau sera probablement intrigué par madame Vierge quand il la rencontrera, et même probablement par la suite, car on ne déchiffre pas un être dès les premiers mois qu'on le connaît.

Le signe de la Vierge habite la Maison VIII du signe du Verseau et c'est un secteur complexe et lourdement chargé. Il concerne toutes les transformations, qu'elles soient dans la situation, le moral, la personne physique, ce qui laisse un vaste champ à ses activités. Sa planète est Mercure, qui encourage les efforts intellectuels, ce qui fait que la présence de la Vierge dans la vie de monsieur Verseau l'entraînera à des recherches sur des questions obscures et compliquées, à des méditations sur les problèmes occultes.

Dotée d'un grand sens pratique et d'une méthode logique parfaite, madame Vierge sera une collaboratrice efficace dans les travaux de monsieur Verseau et il saura apprécier cette aide. Il l'aimera pour beaucoup d'autres raisons parmi lesquelles leurs relations amoureuses ne sont pas exclues, l'érotisme se trouvant aussi dans la Maison VIII...

Le couple Verseau-Vierge pourrait entreprendre avec succès l'exploitation d'une entreprise de publicité ou de conseil financier.

Madame Verseau devant monsieur Balance

Madame Verseau sera conquise par monsieur Balance dès que son regard se posera sur lui. Elle pensera ensuite qu'il serait agréable de vivre avec lui ; il aura la même idée et ils auront raison.

Un monsieur Balance du type supérieur a l'art de rendre la vie belle et harmonieuse et madame Verseau ne saurait s'encombrer d'une Balance qui ne serait pas de la qualité supérieure.

Monsieur Balance ne tentera pas d'étouffer la personnalité de madame Verseau et il ne s'imposera pas ; d'autre part, il aime un peu d'indépendance et appréciera que madame Verseau ne soit pas de ces créatures par trop sentimentales qui ne peuvent pas vivre une seconde sans savoir très exactement ce que fait leur mari.

Leur union sera de celles qui commencent par une estime et une grande affection réciproques et constantes, et qui deviendra par la suite un amour durable fondé sur la compréhension.

Monsieur Balance aura certainement souvent cherché comment concilier son altruisme inné avec les nécessités professionnelles. Avec une Verseau, son problème se trouvera résolu. Il ne se lancera pas dans une action régulière et permanente.

Madame Verseau n'a pas l'habitude de veiller sur sa toilette ni de se donner toujours une allure gracieuse et féminine ; il lui arrive de faire un peu « suffragette ». Monsieur Balance n'est pas maniaque à ce sujet, mais il préférerait que madame Verseau évite de s'enlaidir en portant des tenues masculines. Il préfère infiniment que le ménage soit moins « perlé » et que les mains de sa chère Verseau restent fines et belles.

Il est possible que madame Verseau flirte avec une personnalité susceptible de devenir un meneur politique; monsieur Balance n'en fera pas un drame si tout se déroule discrètement ; d'ailleurs, lui ne se fait pas faute de flirter avec « toutes » les jolies filles qui se trouvent sur sa route ou même un peu à côté, car il lui arrive de faire un détour...

Monsieur Verseau devant madame Balance

L'union de monsieur Verseau avec madame Balance se place sous l'influence de Vénus, qui gouverne la Balance unie à Uranus planète du Verseau, ce qui donne une association prometteuse d'idées originales et d'esprit créateur. D'autre part, le signe de la Balance habite la Maison IX du Verseau, c'est-à-dire celle qui concerne l'entourage lointain, les voyages, l'idéal religieux ou spirituel, les buts supérieurs dans la vie. Il en résulte une influence de Vénus sur ce secteur et en particulier sur la philosophie de monsieur Verseau ; cela lui apporte un adoucissement, de la beauté, de l'harmonie. La présence de madame Balance encouragera monsieur Verseau à utiliser au mieux ses connaissances et peut-être à voyager.

Colette, photographiée par Reutlinger.

La présence de madame Balance dans la vie de monsieur Verseau sera un encouragement à des activités intellectuelles de portée pratique. C'est une union très bénéfique.

De plus, avec son sens de l'équité, la Balance aide monsieur Verseau à exposer ses idées, s'y activer plus que jamais, écouter longuement et attentivement la voix de sa conscience, et se livrer aux activités sociales qu'il tient pour nécessaires et justes.

Il aura certainement de la tendresse pour madame Balance et leur union sera longue et heureuse. Une seule ombre au tableau, mais elle est légère : la Balance n'est jamais pressée d'agir et elle pourrait retarder l'action de monsieur Verseau. Il ne tient qu'à lui de résister à ce facteur.

Madame Verseau devant monsieur Scorpion

Monsieur Scorpion, poussé par Mars, est plein d'énergie et de vitalité ; il aime soutenir le bon combat et madame Verseau sera en admiration devant sa force, sa certitude, face aux doutes et aux faiblesses inhérentes à la personnalité d'une intellectuelle.

Elle se posera une question, mais très importante pour l'avenir de leur couple : pourquoi monsieur Scorpion semble-t-il inquiet en ce qui la concerne et pourquoi manifeste-t-il une jalousie dont il sait très bien qu'elle n'est pas justifiée ?

L'union de madame Verseau et de monsieur Scorpion peut être un réel succès ou une faillite totale : il faut qu'ils attendent de bien se connaître et de voir s'ils sont réellement en accord. S'ils parviennent à cet accord, ils peuvent réussir à devenir un couple extraordinaire.

Monsieur Scorpion aura tendance à faire à madame Verseau un reproche, d'ailleurs tout à fait intellectuel. Il n'admet que difficilement que l'on puisse avoir sur les choses et sur les gens des vues objectives et que l'on considère l'objectivité comme nécessaire. Au contraire, monsieur Scorpion est persuadé d'avoir raison quand il affirme que l'objectivité est impossible et qu'il faut toujours être pour ou contre quelque chose, qu'il faut toujours avoir une opinion.

Un autre petit problème. Madame Verseau est sociable et elle aime, certains jours, s'entourer d'amis. Monsieur Scorpion s'en étonne et n'apprécie pas ces réunions ; son rêve, c'est la propriété entourée de murs où il s'enfermerait en tête-à-tête avec madame Verseau, il n'en faut pas plus pour son bonheur. Il est possible que quelques divergences apparaissent dans le problème de leurs relations avec les tiers, aussi amicaux que soient ces derniers.

Madame Verseau n'approuve pas la jalousie, qu'elle considère comme détruisant totalement l'amour ; monsieur Scorpion est jaloux et il estime que cela fait partie de l'amour. Là encore, divergence de vues.

Monsieur Scorpion est peut-être un personnage exceptionnel, et dans ce cas, il est si doué, et, dans ses bons moments tellement aimable et disert que madame Verseau ne pourra jamais envisager une seconde de se séparer de lui. De son côté, si c'est une personne de valeur, madame Verseau saura lui donner la paix de l'âme, le sentiment de sécurité qui apporte le repos, et enfin ils seront heureux ensemble. Mais ce ne sera jamais sans peine, et ce bonheur aura coûté à madame Verseau bien des migraines à chercher ce qui plairait à son Scorpion.

Monsieur Verseau devant madame Scorpion

Le signe du Scorpion habite, dans l'horoscope du Verseau, la Maison X, celle qui concerne la place du sujet dans le monde, sa carrière et son déroulement, la consécration de ses mérites, les honneurs, enfin l'assise sociale. Sa planète est Pluton qui, avec Uranus, institue un climat de confort, de sécurité, voire même de luxe, lequel climat peut être de qualité exceptionnelle si les partenaires sont eux-mêmes de haute qualité. On peut arriver ainsi à un couple parfaitement admirable et heureux.

Madame Scorpion enflamme les ambitions de monsieur Verseau et désire lui voir atteindre son sommet. Elle l'encourage à créer sa propre affaire et le soutient en vue de sa réussite.

Madame Verseau devant monsieur Sagittaire

Pour madame Verseau un natif du Sagittaire est une source d'émerveillement... Quand elle rencontre monsieur Sagittaire, elle sent tout de suite qu'ils vont être d'accord sur une foule de sujets de conversation. Et quand elle fera l'amour avec lui, elle comprendra qu'une prédestination les promettait l'un à l'autre depuis la nuit des temps...

Monsieur Sagittaire est aussi réformateur que madame Verseau ; comme elle, il vise haut, et comme elle, il est sensible au progrès. Ce qui étonnera madame Verseau, c'est que cet homme, qui se trouve si brillant, tellement à son aise dans les réunions mondaines, préfère néanmoins entraîner sa femme dans des excursions en montagne, ou sur une frêle esquif en mer agitée, bref dans des aventures purement physiques et sportives.

Lorsqu'ils seront mariés, monsieur Sagittaire devra s'attacher à faire tomber les barrières que madame Verseau dresse mentalement autour d'elle et il y réussira très bien. Il émane de lui une chaude cordialité, une grande tendresse et son esprit est ouvert à tous les caprices altruistes qui agitent la vie de madame Verseau. Elle se sent, avec lui, soutenue, approuvée, accompagnée, bien qu'elle comprenne qu'il préférerait une existence plus passionnée entre eux et de temps à autre, quelques distractions qui leur soient personnelles.

Il pourrait y avoir quelques dissentiments sur les personnes auxquelles s'intéresse madame Verseau. Elle ne tient aucun compte de leurs qualités et puisqu'elles ont besoin d'aide, elle va vers elles, elle les reçoit chez elle. Monsieur Sagittaire n'est pas de cet avis et il n'apprécie pas qu'on ne fasse aucune distinction entre les gens « bien » et ceux dont le caractère laisse fortement à désirer.

Une autre ombre à ce lumineux avenir, c'est la situation financière du couple. Madame Verseau est tout à fait disposée à alimenter la caisse commune, mais elle n'apprécie pas du tout les fantaisies qui animent le budget de monsieur Sagittaire. Elle comprend qu'on ait des difficultés, mais les histoires de jeu, et ces sacrifices que l'on fait en faveur de l'amélioration de la race chevaline n'éveillent en elle aucun zèle.

Monsieur Verseau devant madame Sagittaire

Dans l'horoscope du Verseau, le Sagittaire habite la Maison XI. Sa planète est Jupiter. Jupiter et Uranus se conjuguent pour apporter aux partenaires excitation, optimisme, générosité et une grande ampleur de vues et de pensée.

Ensemble, monsieur Verseau et madame Sagittaire feront des voyages, des découvertes, et ils complètent l'un et l'autre leur culture qui est déjà très sérieuse Madame Sagittaire mobilisera littéralement monsieur Verseau pour l'aider à se réaliser. Elle se donnera pour unique but de l'aider, de le satisfaire, de lui permettre de donner libre cours à ses tendances philanthropiques.

Madame Sagittaire sera toujours disposée à accueillir les amis de monsieur Verseau et à aider celui-ci à converser avec ces amis, à participer à leurs problèmes ; elle-même sera en parfait accord avec les thèses de monsieur Verseau.

Son insouciance pour les questions purement matérielles et la curieuse façon qu'elle a d'administrer le budget familial provoqueront la désapprobation de monsieur Verseau ; mais grâce à l'amour qui existe entre eux et cette étonnante compréhension qui les unit, les débats se dérouleront sur un ton élevé et philosophique et ce n'est qu'en redescendant sur terre qu'on pensera au jour du terme. On ne peut pas avoir toutes les qualités !

Madame Verseau devant monsieur Capricorne

Monsieur Capricorne est un être qui cherche souvent la difficulté pour le plaisir de la vaincre et, lorsqu'il rencontrera pour la première fois madame Verseau, il sera d'autant plus empressé qu'elle sera moins accessible.

Quand le mariage sera conclu et que la vie commune prendra sa vitesse de croisière, madame Verseau ne quittera pas son emploi si elle en avait un, car monsieur Capricorne est très dépensier. Mais, de son côté, il se mettra au travail avec une ardeur absolument inégalée. Aussi ne manquera peut-être-t-il pas de remarquer que son apport dans le budget commun est bien plus important que celui de madame Verseau.

Il apparaîtra bientôt soucieux et pessimiste, ce qui surprendra madame Verseau qui l'avait connu en société gai, spirituel et charmant. Il passe son temps à prévoir les plus gros écueils et ne peut pas faire acte laborieux sans froncer les sourcils, comme si une catastrophe risquait de tout emporter.

Monsieur Capricorne peut avoir de grandes colères pour des questions d'argent. Madame Verseau ne comprendra pas cette attitude. Mais sa présence à

HUMPTY DUMPTY

Lewis Carroll

Illustration by Sir John Tenniel

Humpty Dumpty
sat on a wall:
Humpty Dumpty
had a great fall.
All the King's horses
and all the King's men
Couldn't put Humpty Dumpty
in his place again.

Comptine de Lewis Carroll, natif du Verseau.

elle apportera un bon équilibre dans la vie de monsieur Capricorne et, devant sa sérénité, il devra bien, à la fin, s'accorder quelque répit. D'ailleurs, à tant se donner de mal, il arrivera très vite au confort et à la sécurité dont il souhaite entourer sa famille.

Cet homme qui respectait les bons usages et qui se préparait à une vie assez conventionnelle se sentira soulagé de se trouver en présence d'une femme qui, au contraire, méprise les conventions sociales et lutte contre les injustices de toutes sortes. Monsieur Capricorne découvrira que cette attitude lui plaît et qu'au fond, il préfère le « col roulé » et les jeans aux complets « trois pièces » avec cravate club. Une découverte qui en vaut une autre.

Monsieur Verseau devant madame Capricorne

Avec madame Capricorne, il est probable que monsieur Verseau pourra s'attacher à une œuvre de longue durée, dans le sens qui l'intéresse, c'est-à-dire l'aide à ceux qui en ont besoin. Madame Capricorne qui a un grand sens pratique, sera en mesure d'aider monsieur Verseau et de collaborer efficacement avec lui.

Leur union manquera peut-être, au commencement de fondements solides. Mais monsieur Verseau sera très attaché à ce que ce mariage se fasse et à ce qu'il dure et ses efforts aplaniront les difficultés. Qu'il ne s'étonne pas, cependant si des faits d'allure mystérieuse ou secrète interviennent de temps à autre au sein de leur couple ; c'est une influence astrale qui n'a guère de rapports avec leur volonté propre.

Madame Verseau devant monsieur Poissons

Bien que madame Verseau n'ait pas une fibre

maternelle exagérément développée, elle se sentira devenir tendre et protectrice quand elle rencontrera monsieur Poissons, qui paraîtra faible et manquant d'assurance. Ce n'est chez lui qu'une apparence, mais il sera ravi de produire cet effet, et avec ce résultat, sur une personne par ailleurs tout à fait charmante. Monsieur Poissons très sensible à la beauté se laissera prendre dans ces précieux filets.

Il est possible que leurs relations demeurent un certain temps sur le plan de l'amitié. Monsieur Poissons est dans ce cadre tout à fait agréable, serviable, et galant. Et puis, on en viendra à l'amour et au mariage.

Aussitôt marié, monsieur Poissons va montrer sa réalité profonde. Il se laissait protéger, il devient protecteur. Il paraissait timide et embarrassé, il devient fort et décidé. Il sera vraiment le chef du foyer, de la famille, de la tribu.

Un petit problème pourrait se poser. Si madame Verseau n'a pas l'intention d'être rigoureusement et exclusivement réservée au bonheur de monsieur Poissons, ce dernier, qui est l'intuition faite homme, le sentira aussitôt. Il le saura. Je ne dis pas qu'il le soupçonnera, je dis bien qu'il saura.

Madame Verseau mettra beaucoup de temps avant d'admettre que monsieur Poissons a, autant qu'elle, besoin de rester indépendant, même une fois marié ; qu'il n'en a pas pour autant perdu ce charme et cette gentillesse qui l'ont attirée et qui attireront bien d'autres femmes autour de lui. De même, monsieur Poissons saura vite qu'il doit accepter le fait que madame Verseau, si elle adore rester avec lui, aime aussi et assez souvent se trouver entourée de nombreux amis et camarades pour le simple plaisir de la conversation.

Il est possible que monsieur Poissons se sente éloigné, « éjecté » lorsque madame Verseau est brutalement accaparée par une idée nouvelle qui la passionne et qui lui fait tout oublier, même (et peut-être surtout) le ménage et la cuisine. Mais il est tout aussi vraisemblable que monsieur Poissons, par sa manière de disparaître ou de rester présent, mais vide de son âme qui, elle, se promène dans les espaces interstellaires, donnera à madame Verseau le brusque sentiment d'être abandonnée de tous, puisqu'elle pensera l'être de son mari.

Ce sont là les points où leur incompréhension mutuelle peut se faire sentir. S'ils sont évolués et sages, ils passeront outre et se retrouveront ensuite aussi unis qu'avant; s'ils sont fous et irréfléchis, ils se chamailleront et s'épuiseront en disputes.

On leur souhaite la sagesse car ils peuvent former un couple durable assez exceptionnel.

Monsieur Verseau devant madame Poissons

Le signe des Poissons habite, dans l'horoscope du Verseau la Maison II, celle qui est relative aux biens matériels. La planète des Poissons est Neptune, qui, avec l'Uranus du Verseau suscite dans les deux partenaires à la fois un appel vers la notion de l'universel, du cosmique, de l'infini de la vie considéré à la fois en temps, en espace et en volume, ou en importance psychique. Tous deux seront à leur aise dans des questions que la plupart des autres considèrent comme inaccessibles.

Sur le plan matériel, monsieur Verseau, aidé par madame Poissons pourrait créer un produit commercialisé qui intéresserait le monde entier ! C'est écrit dans leur ciel.

Le Verseau est un signe d'Air, les Poissons un signe d'Eau. Résultat : vagues et remous. Il ne peut rien se passer entre eux qui ne provoque des mouvements dans leur entourage ou des alternances dans leur destinée.

Le sentiment qui les dominera, une fois que le simple et merveilleux amour des premiers jours aura fait son temps, sera de fascination et de défi. Alors qu'ils couraient le risque de se séparer, ils seront à un tel point intrigués l'un par l'autre qu'ils resteront ensemble uniquement pour arriver à se comprendre, ce qui est, en somme, assez original. Mais avec un natif des Poissons, la banalité n'existe qu'exceptionnellement.

Mosaïque de Beth Alpha, Ve siècle.

Chapitre III
Le natif du Verseau devant la vie

Nous savons maintenant quelle puissance d'abstraction caractérise la pensée du natif du signe du Verseau.

Quelles sont ses chances de réussite dans une vie où ces capacités philosophiques et altruistes ne sont pas forcément recherchées sur le plan professionnel ? Le bonheur ne tient pas à la réussite financière, mais notre société actuelle est ainsi faite, et tous ceux, hippies ou non, qui ont voulu s'en séparer et faire « cavalier seul » sont finalement rentrés dans le système, la norme, les rails de cette société si souvent dénigrée.

Le sens de son destin

On peut dire que, sur un plan tout à fait conformiste et banal, le natif du Verseau doit être considéré comme apte à toute profession qui s'exerce en équipe. On sait que son tempérament l'oriente vers la qualité et vers la productivité ; même s'il n'y a pas un intérêt matériel direct, il se laissera aller à cet effort par goût.

Cependant, avec les natifs du Verseau, il est difficile de prévoir une montée régulière dans une carrière déterminée. Cela n'est pas dans leur style. On peut s'attendre, au contraire, à des chutes brutales avec des remontées spectaculaires. Le Verseau souffre d'être incompris par son entourage ; il en résulte pour lui, très souvent, un sentiment de solitude. En vue de remédier à cette triste et déprimante impression, un Verseau a tendance à aller toujours de l'avant : changer de métier, de cadre de vie, de conceptions philosophiques et d'amis, et cela toujours dans le sens d'une

---

Illustration pour De la Terre à la Lune, *de Jules Verne.*

projection en avant, vers l'avenir, le progrès, l'évolution de la société. C'est pour cela que l'on connaît bien des Verseau qui laissent froidement derrière eux tous leurs amis et s'en vont sans plus donner signe de vie, comme s'ils n'avaient pas de cœur.

Le sens social

Dans le cas le plus banal, si le Verseau ne s'enfuit pas et reste dans le cadre social, il va s'attacher aux intérêts de la corporation à laquelle il appartient par sa profession.

Il a le sens de la justice sociale. Il n'est ni envieux, ni bassement intéressé ; il est capable de s'effacer devant l'intérêt général. A cause de son état d'esprit, il se trouve généralement en bons termes avec ses supérieurs et cela se sent dans le traitement qui lui est réservé et qu'il doit précisément au fait qu'il ne cherche pas à être favorisé.

Dans l'activité professionnelle, il montre un talent particulier pour assurer des relations compréhensives entre les différents membres du personnel d'une entreprise. Aussi se charge-t-il souvent d'expliquer les motifs d'une décision ou le sens d'un plan de travail. Il conçoit la vie sous forme d'idées générales et il a le sens des abstractions ; aussi réussit-il très bien quand il s'agit de faire un rapport sur un projet, un travail, un plan de prévisions. Il sait mettre en avant les arguments importants et il sait aussi sensibiliser son auditoire aux questions les plus urgentes. Il se distinguera toujours dans ces activités.

Les finances

Un Verseau n'est pas essentiellement un spécialiste des finances. Au contraire, il lui arrive justement d'être un peu trop insouciant à ce point de vue. Cela tient à ce qu'il est parfaitement étranger à tout égocentrisme.

Il est tenté de considérer que l'argent ne le concerne pas ; ceci vient de ce qu'il n'a pas le goût du confort.

Pour le Verseau, l'essentiel est d'être lui-même et non asservi. L'argent ne joue là aucun rôle, si ce n'est un rôle négatif.

Généreux et désintéressé, le Verseau, s'il possède des biens, est un mauvais gestionnaire. Il ne sait pas bien les défendre. Sa générosité est instinctive et naturelle ; il ne s'en aperçoit même pas. C'est l'être qui ne laissera jamais passer le plus léger service sans le marquer d'un cadeau, qui ne discutera jamais le prix des choses et qui sera à peine ému s'il s'aperçoit qu'on le trompe. Il se défendra, certes, mais sans trop de vigueur, il en sera ennuyé plus que furieux.

Il faut que, dès son adolescence, ses éducateurs lui apprennent à ne pas donner absolument tout et à garder au moins ce qui lui est nécessaire pour son propre développement.

La spéculation financière

Il arrive que des financiers soient nés sous le signe du Verseau ; c'est une planète de leur ciel, ou un ascendant puissant qui les a poussés dans cet ordre d'idées.

Pour un Verseau, la spéculation financière est considérée comme une activité intellectuelle. Le problème qu'elle pose est chaque fois résolu dans l'abstrait ; si la solution est bonne, l'argent afflue. C'est aussi un transfert, sur le plan financier, du goût du risque et de l'aventure animant beaucoup de Verseau; quand on n'a pas la possibilité de faire un bon astronaute, pourquoi ne pas tenter l'aventure sur un autre plan ? C'est le raisonnement du Verseau.

Dans ce cas, l'aventure financière est placée sur le même plan qu'une ascension de l'Himalaya ou le rétablissement de bonnes conditions de vie au Pakistan. L'aventure humaine, toujours l'aventure...

Un seul cas se présente où un Verseau se met en peine de vouloir réellement gagner des sommes importantes : s'il a la charge de gérer les biens d'une collectivité, et plus encore, si les sommes gagnées ont une affectation en rapport avec quelque grande œuvre d'intérêt mondial. Là, il s'efforcera, par passion pour l'œuvre elle-même, de réussir dans la finance.

Que ces dispositions inhabituelles, non encore rencontrées jusqu'ici dans notre étude de l'interprétation des différents signes, ne fasse pas penser qu'un Verseau n'est pas comme tout le monde, désireux de rencontrer le bonheur. C'est la conception du bonheur qui change.

Enfin, le destin politique du Verseau

Avec les dons qui lui sont particuliers, un Verseau se trouve à l'aise dans la politique mondiale ; il ne sera pas un homme d'action, mais un concepteur de plans, de réorganisation, de traités de paix.

Si les différentes circonstances de sa vie l'ont porté à une telle position, nul doute qu'il n'agisse pour le plus grand bien des collectivités dont il aura la charge, et plus sa compétence s'étendra loin, plus il se sentira heureux de pouvoir donner corps à ses rêves préférés de bonheur du plus grand nombre; il semble que ce soit, pour un Verseau, le meilleur destin. Pour lui et pour ceux dont il assumera l'avenir.

Les natifs des dates limites

Si votre anniversaire n'est pas dans les dates limites, ce paragraphe ne vous concerne pas.

Abraham Lincoln.

Si l'anniversaire est entre le 20 et le 21 janvier

Vous êtes né sous le signe du Verseau, avec des tendances Capricorne. Vos planètes sont Uranus et Saturne. Ceci indique que vous êtes versatile, méthodique, exact, pratique, avec une perception rapide et une bonne mémoire. Si vous développez votre pouvoir magnétique, vous pouvez devenir un faiseur de miracles.

Vous êtes toujours en train d'aider quelqu'un, et souvent découragé de ne pouvoir faire plus. Souvenez-vous que vous devez d'abord vous aider vous-même.

Si l'anniversaire est entre le 15 et le 18 février

Vous êtes un Verseau avec des tendances Poissons. Vos planètes sont Uranus et Neptune. Ceci implique que vous avez tendance à être jaloux et agité dans les affaires d'amour. Vous pouvez facilement vous adapter à n'importe quel environnement.

Vous pouvez réussir dans n'importe quelle branche scientifique. Vos expériences dans la vie peuvent vous faire paraître mesquin et cynique, mais vous restez toujours libéral et large d'esprit. Vous êtes généralement soupçonneux avant d'étudier une proposition. Vous avez une personnalité qui attire de nombreux amis, respectueux de vos opinions et disposés à suivre vos avis. Vous aimez les voyages. Vous devez avoir une existence longue et paisible.

Les décans du Verseau

Si l'anniversaire est entre le 20 et le 31 janvier

Votre planète personnelle est Uranus, parfois considérée comme le Réveil de la Spiritualité, planète du changement et de l'énergie. Elle peut amener ses natifs à entrer en contact avec le public et leur donner une personnalité psychique magnétique. La double influence d'Uranus les aidera à rectifier certains aspects négatifs de leur signe.

Si l'anniversaire est entre le 1er et le 9 février

La planète personnelle est Mercure. On la considère comme une planète convertible ; elle affecte gravement les planètes avec lesquelles elle est en conjonction. Mercure contrôle les nerfs, le cerveau, et rend les sujets excitables et nerveux.

Mercure est un grand régulateur mental ; il joue un rôle prépondérant dans la vie de ses natifs, parce qu'il contrôle les affaires intellectuelles et le commerce. Guidé par Uranus et Neptune, les natifs seront très aptes à toute occupation demandant un grand effort intellectuel.

Si l'anniversaire est entre le 10 et le 18 février.

La planète personnelle est Vénus qui est une des plus bienveillantes planètes du système solaire. Elle apporte l'harmonie et l'agrément de l'entourage. Elle favorise les jeux, les plaisirs, la gaîté. Elle apporte aussi les dons artistiques, idéalistes, musicaux. Bien que Vénus ait une influence personnelle, elle est gravement perturbée par ses aspects avec les autres planètes. Étant donné qu'Uranus est la planète du signe, l'influence de Vénus est élargie par les activités mentales régies par Uranus.

20 janvier. Bon naturel, hospitalier, diplomate, avec une affinité naturelle pour la mer, où vous pouvez trouver le succès. Votre nature sensuelle et artiste vous attirera d'étranges amitiés.

21 janvier. Dispositions très émotives, vous ferez des gains inattendus et exceptionnels, malgré des déceptions et des ennuis causés par des amis et des parents.

24 janvier. Vous êtes idéaliste, diplomate, versatile, et un aspect de cet horoscope indique une grande vivacité d'humeur à la moindre provocation. Accidents et revers possibles, particulièrement dans le mariage. Étant donné votre culture, apprenez à vous dominer.

23 janvier. Beaucoup d'amis influents. Esprit inventif, amour des voyages. Vous réussirez par les sciences.

24 janvier. Chagrins, épreuves, vous avez un grand besoin d'amour pour vous aider à lutter.

25 janvier. Vous aimez lire, écrire, et aussi le changement et la nouveauté. Vous réussirez dans des activités ultra-modernes.

26 janvier. Vous allez gagner facilement de l'argent et le dépenser aussi vite et avec extravagance. Votre horoscope indique la possibilité d'altérer votre santé par surmenage. Méfiez-vous des fausses promesses.

27 janvier. Digne, ambitieux, intuitif, généreux, vous recherchez et donnez le plaisir. Ne vous mariez qu'après mûre réflexion.

28 janvier. Caractère fort, beaucoup de talent, mais vous allez souffrir de surmenage. Vous pouvez réussir dans l'administration municipale, la magistrature et tout ce qui touche à la loi.

29 janvier. Beaucoup de chance. Ambitieux, volontaire, intelligent, éloquent, aimant beaucoup votre foyer, vous serez heureux en mariage et grâce à vos enfants.

30 janvier. Sympathique, impulsif, pratique et

tenace, mais brusque et irritable, si vos plans sont contrecarrés ; vous pouvez avoir du succès dans le monde artistique.

31 janvier. Vous êtes parfois entêté et abrupt. Mais intelligent, vous ferez une belle carrrière. Si vous vous contrôlez, vous irez loin dans le monde des affaires.

1er février. Très volontaire et obstiné, courageux et aventureux, impulsif et affectueux, vous aimez la musique et les voyages, et vous réussirez dans une carrière maritime ou artistique.

2 février. Attitude généreuse, indépendante, enthousiaste, libre, avec une constitution robuste. Vous trouverez peut-être votre chance dans les concours sportifs.

3 février. Original, persévérant, aimant l'étude, hardi et aventureux ; vous risquerez des accidents.

4 février. Vous possédez une sensibilité très émotive, avec la capacité de dominer les autres. Vous devez éviter une trop grande tension. Vous n'avez peut-être pas une santé robuste. Vous devez réussir dans une profession juridique.

5 février. Très sensible, vous réagissez vivement, et parfois devenez irritable. Vous aurez des passages difficiles, mais vous serez aidé secrètement. Votre chance est à l'étranger.

6 février. Ambitieux, de caractère fort, recherchant toujours la perfection, il semble que votre réussite doive se faire dans l'électronique et la recherche scientifique.

7 février. Nature méfiante, vous vous livrez parfois à des excentricités. Essayez de moins critiquer vos amis. Vous êtes réceptif aux grandes idées, mais incapable de les faire aboutir.

8 février. Vous aurez des épreuves. Vous êtes changeant et querelleur. Vous réussirez en développant le côté positif de votre caractère.

9 février. Très enthousiaste, vous voulez vous débrouiller seul, mais vous aurez des gens qui cherchent à vous tromper dans votre entourage. Tâchez d'utiliser votre discernement pour éviter le pire.

10 février. Vos obstacles seront la maladie, la trahison, la déception dans le travail ; vous êtes trop sincère. Voyez où vous faites erreur et rectifiez le tir.

11 février. Très doué pour écrire. Vous devrez vous tenir en alerte, car les épreuves vous guettent ; surmontez-les, si vous ne voulez pas échouer.

12 février. Très profond amour pour votre mère, et aussi amour du sexe opposé. Vous réussirez votre vie privée comme votre vie professionnelle.

13 février. Nature impulsive, vive imagination, amour de la nouveauté et du changement, facilement influencé par les autres ; toutes les professions intellectuelles peuvent vous sourire.

14 février. Esprit artistique et scientifique. Mais aussi impulsif, vif, un peu mystique et philosophe. Très capable sur le plan professionnel.

15 février. Nature impétueuse, extravagante. Efforcez-vous à plus de calme et de sagesse, sinon votre santé ne résistera pas.

16 février. Bon et généreux, mais coléreux et rancunier, vous êtes aussi spirituel. Surmontez votre pessimisme, vous devez réussir dans des affaires secrètes et des associations. Vous ferez peut-être un riche mariage.

17 février. Il semble que vous deviez réussir en affaires et en amour. Vous avez beaucoup de qualités et de talent. Peut-être serez-vous un socialiste militant.

18 février. Vous avez le pouvoir de transformer l'adversité en triomphe. Vous serez l'artisan de votre destin. Vous réaliserez vos ambitions.

Pour bien vous porter

Nous avons vu, par ailleurs, la santé du natif du Verseau, en nous plaçant sur un plan purement astrologique et théorique. Nous allons revoir ce point particulier sur le plan pratique de la vie quotidienne.

Si vous appartenez au signe du Verseau, vous connaissez vos points sensibles. Les voici sommairement indiqués, mais avec assez de précision pour que cette information soit directement utilisable.

Vous devez donc veiller plus particulièrement sur :

- la circulation générale, état du sang, fluidité, coagulation, etc.; état du système circulatoire, avec artères, vaisseaux capillaires et les vaisseaux de la circulation de retour, donc les veines, plus spécialement aux jambes;

- les articulations en général, et plus spécialement celles des genoux et des chevilles, avec d'une part les risques de douleurs rhumatismales ou arthritiques, et d'autre part le risque de faux mouvements avec chutes, suivies de foulures, d'entorses, d'atteintes aux ligaments;

- la colonne vertébrale, avec le risque de hernie discale d'une part, de décalcification d'autre part, et, en même temps, de douleurs d'origine arthritique, comme ce mal si courant appelé « arthrose des vertèbres cervicales », ou celui, se situant au niveau des vertèbres lombaires et qui s'appelle « lumbago ».

Les maladies éventuelles qui peuvent atteindre les natifs du Verseau sont assez nombreuses et courantes, mais, avec un minimum de soins, on peut les éviter. Nous pouvons citer ici :

- l'arthritisme et le rhumatisme articulaire;
- les arthroses avec poussées inflammatoires violentes;
- les hernies discales, et aussi la porosité des vertèbres.

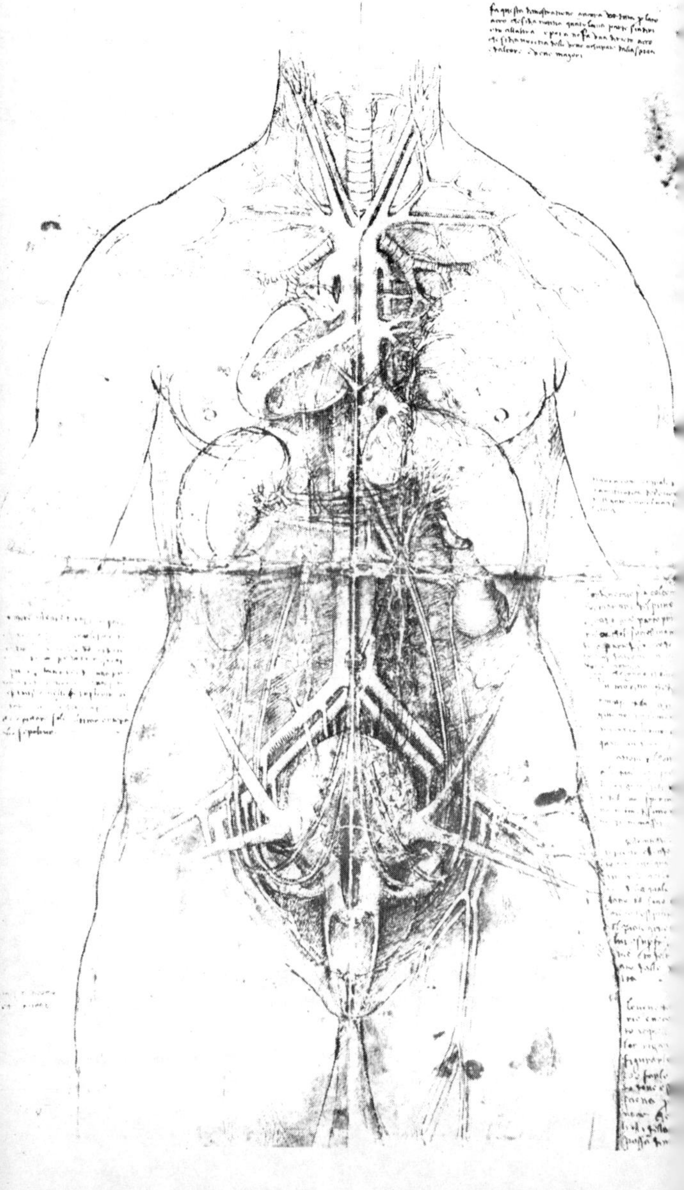

Citons également les maladies du système circulatoire, comme :

- l'anémie, qui est due à une carence en oligo-éléments, et principalement en composés du fer, partie composante de l'hémoglobine, elle-même corps constituant des globules rouges du sang;

- la thrombose sous ses divers aspects, de la présence d'un caillot dans un vaisseau secondaire, à l'infarctus du myocarde;

- l'embolie, qu'elle soit spontanée ou qu'elle résulte des suites d'un traitement pré- et post-opératoire, apportant un coagulant dans le sang;

- la phlébite, qui est une irritation du tissu veineux dans les jambes;

- enfin, les varices, dues à l'affaiblisement du tissu veineux, principalement aux jambes.

Ces risques sont assez sérieux pour que le natif du Verseau conserve cet avertissement présent à l'esprit et, par un régime et un style de vie appropriés, en tienne compte afin de les éviter. Des « signaux d'alarme », d'ailleurs, sont habilement prévus par la nature, qui ne nous surprend jamais par un mal subit.

Citons-en quelques-uns :

- des douleurs dans la colonne vertébrale et dans les articulations, qui vous signalent la proche venue d'une crise d'arthrite ou de rhumatisme articulaire; également des douleurs de tête dans la région occipitale, en provenance de la nuque;

Étude anatomique de Léonard de Vinci, XVIe siècle.

- des douleurs et des fourmillements dans les jambes, indiquant que le système veineux est en train de se dérégler;

- dérèglement de la formule sanguine : ne se perçoit que si vous faites effectuer une analyse du sang;

- les dermatoses, qui proviennent d'une mauvaise formule sanguine ; si elles apparaissent, faites faire une analyse du sang;

- état permanent de fatigue, signe d'anémie : faites une cure d'air pur, veillez à prendre une nourriture végétarienne, mais faite de produits très frais;

- troubles digestifs, provenant de votre fatigue et d'erreurs alimentaires.

Cette longue liste de symptômes et de maladies ne doit pas vous paraître déprimante. Verseau, vous pouvez vivre jeune longtemps, si vous acceptez de vous occuper sérieusement de votre régime.

D'une manière générale, voici les conseils que vous devez suivre pour rester en bonne santé.

On vous conseille d'abord de prendre, au moins une fois par semaine, un bain de pieds (dix minutes environ) dans une eau additionnée d'essence de romarin. Cette essence est hydrosoluble. Dans votre bain, dont l'eau sera de 40°C (nettement chaude au contact, mais ne brûlant pas), vous en mettez deux cuillères à soupe. Vous ajouterez de l'eau chaude pendant le bain, car il ne doit pas se refroidir. Ce bain stimulera la circulation du sang, tonifiera les tissus au niveau des chevilles, et préviendra les rhumatismes.

Egalement dans le but d'activer la circulation, habituez-vous à la pratique de la douche écossaise ; vous n'en retirerez que des bienfaits.

Si vous souffrez du dos, adressez-vous à un spécialiste de la colonne vertébrale qui soit un médecin, et non simplement un chiropracteur ou un kinésithérapeute ; faites-vous faire une radio, avant toute manipulation.

Votre régime alimentaire vous sera bénéfique si vous diminuez votre consommation de viande ; si vous souffrez de rhumatismes ou d'arthritisme, supprimez toute nourriture d'origine animale pendant deux ou trois semaines. Pas de beurre, même cru, ni lait, ni œufs, ni fromages d'aucune sorte. Cuisinez à l'huile.

Dans le cas où vous vous sentirez fatigué et déprimé sachez que l'absence de viande n'est absolument pas en cause. Ce qui vous manque, c'est une bonne oxygénation qui élimine les toxines, ce que ne fait pas suffisamment bien votre organisme.

Si votre sensation de fatigue vient de vos soucis, d'un grand chagrin, faites-vous masser, vous en éprouverez un certain soulagement. Souvenez-vous que la sensation de grande fatigue dans les membres est souvent le début d'une crise de rhumatismes.

Le Verseau chez lui

Le Verseau n'est pas l'être moyen en tout, négligent du décor de la vie et n'ayant pas d'opinion sur le style du mobilier. Il est, au contraire, très amateur de décor intérieur original.

Il apprécie particulièrement une décoration fonctionnelle et moderne.

Il ne peut pas choisir l'architecture de sa maison s'il est locataire, mais s'il fait construire, rien ne sera trop nouveau pour lui.

Les meubles qu'il aime sont donc les toutes dernières créations. L'audace, en cette matière, est sa formule. Il aimera les tables en verre fumé, les sièges larges et mous, où l'on gît plutôt que l'on n'est assis mais pour lui, s'il souffre du dos, il recherchera un siège plus ferme, ou un de ces fauteuils qui épousent rigoureusement la forme du corps et qui sont fixés sur un pied central, avec des ressorts qui leur permettent de suivre les mouvements de leur occupant.

Chez un Verseau, il y aura beaucoup de sièges, car il aime la compagnie : amis, membres de la famille, relations, hôtes de passage et, volontiers, des gens venus de loin, rencontrés dans des congrès ou à des expositions.

Pour satisfaire également les goûts des membres de sa famille s'ils aiment un style plus conventionnel, le Verseau acceptera volontiers un ou deux meubles anciens au milieu de ce décor moderne. Ce n'est pas un problème pour lui, car il se sent de tous les temps et de tous les pays : le monde entier est sa patrie.

Il lui faut cependant disposer d'un coin qui lui soit plus personnel, en marge de sa vie sociale agitée, une pièce où il puisse lire, écouter de bons disques, regarder – peut-être rarement – une bonne émission de télévision, bien choisie, parfois dégustant une boisson fraîche.

Il est de ceux qui comptent beaucoup d'amis et donnent plus qu'ils ne demandent. On l'en aime d'autant plus, mais sa famille n'acceptera qu'avec réticence ce genre de « vie universelle ». Alors, pour se faire rassurant, pour faire un geste de paix, le Verseau accepte de compléter le décor de son foyer par un meuble de famille, quelques portraits, quelques objets, souvenirs, dont il faut bien qu'il s'accommode, parce qu'ils sont le gage de ses sentiments.

Un Verseau gastronome

Le Verseau est un grand amateur de régimes diététiques. En cette qualité, si vous l'invitez à votre table ne manquez pas de vous informer de son régime, car il en change, et sans que cela soit prévisible. Un jour, féru

Fernand Léger dans son atelier.

de crudités, il déclarera ne prendre aucune nourriture cuite, il n'absorbera que des légumes et des fruits crus, l'huile même sera bannie de sa table. Puis, vous le verrez rejeter ce système et devenir un fervent du « régime sept » de la macrobiotique et se gaver de céréales telles que blé, riz brun, millet ou maïs. Plus tard, vous le retrouverez passionné de mets raffinés.

En fait, un Verseau mange peu, souvent d'une manière insuffisante, involontairement d'ailleurs.

Ce qui lui convient, astrologiquement parlant, ce sont les aliments sodiques : céleri et navet cru, betteraves, concombres, flocons d'avoine, haricots, asperges, épinards et carottes; jambon, bœuf, agneau, fraises, pommes, prunes, pêches, noix, figues; enfin, tous les fromages.

On voit que l'éventail est très ouvert, et si vous invitez un natif de ce signe, vous pourrez le gâter à votre guise de belle viande rouge et de légumes de saison sans mettre sa santé en péril.

Si vous voulez qu'un Verseau se sente heureux chez vous, ne mettez pas de musique sur la platine de votre chaîne haute-fidélité pendant le repas . il est disert, il préfère la conversation ; mais invitez avec lui quelqu'un revenant d'un lointain voyage et sachant raconter ses impressions.

Au cours du repas, sa double nature, à la fois attachée au passé et se projetant vers l'avenir, se révélera par une assez stricte observance des usages, qui peut aller jusqu'à un goût maniaque de ce rituel de la table. Il souffrira si vous mangez votre viande en tenant la fourchette de la main droite.

L'enfant Verseau

Dans sa toute petite enfance, votre bébé Verseau ne se distinguera pas beaucoup des autres enfants, sauf en ce qui concerne sa santé, pour laquelle les conseils

donnés pour les adultes deviendront très tôt valables pour lui.

Apprenez que son jour le plus favorable est le samedi. Que vous devez éviter tout acte important le jeudi, car ce jour est négatif pour les natifs du Verseau. Profitez du jour faste, donc le samedi, pour faire avec votre enfant toutes les démarches nécessaires d'une certaine importance, comme par exemple les examens médicaux et les vaccinations, les sorties pour rendre visite à ses grands-parents, le début d'un nouveau régime alimentaire, la première coupe de cheveux, etc.

Si vous avez bien saisi le sens de cette étude sur les natifs du Verseau, vous ne laisserez pas votre bébé tout seul ; vous lui parlerez beaucoup et l'emmenerez le plus souvent possible en promenade où vous vous efforcerez de lui faire rencontrer d'autres enfants.

La solitude, les endroits déserts, risquent de pertuber son subconscient.

Ses nombres bénéfiques sont le 9, le 13 et le 17. Vous utiliserez ce renseignement toutes les fois que vous pourrez. Par exemple, pesez-le quotidiennement à neuf heures, choisissez des ornements ou des jouets composés de 13 ou de 17 éléments.

Il adore les animaux. Offrez-lui uniquement, tant qu'il sera tout petit, des « nounours », des petits lapins en peluche. Mais dès qu'il comprendra la vie, les bêtes, l'affection, donnez-lui un petit animal à aimer : chat ou chien. Il ne lui fera aucun mal et vous verrez qu'il s'entendra parfaitement avec ce petit ami. Vous pourrez lui raconter des histoires de bêtes, lui offrir des albums avec des dessins représentant des animaux et lui donner un petit animal porte-bonheur attaché à un bracelet.

Ses plantes sont la glycine, le genêt, le mimosa, le thym et le prunier sauvage. Vous pourrez en tenir compte si vous avez un jardin ; sinon, emmenez-le en promenade dans des parcs où se trouvent ces plantes.

Mia Farrow.

Vous pourrez aussi en utiliser pour décorer sa chambre: papier peint, tissu imprimé, etc. Cependant, si vous y placez un bouquet, enlevez-le pendant la nuit.

Ses métaux talismaniques sont le nickel et les alliages brillants qui en contiennent. Les objets nickelés lui plairont.

Sa couleur est le bleu, qui est en vibration synchrone avec son signe. Vous pourrez, qu'il soit fille ou garçon, lui confectionner son trousseau dans cette couleur. Des rideaux bleu nuit encadrant son lit, couvert de draps bleu pâle, lui feront un nid charmant, propice à son repos.

Son parfum favorable est le cyclamen, mais aussi tous les parfums synthétiques, la fougère pour les petits garçons. Ce parfum devra n'être qu'une eau de toilette faiblement alcoolisée, spéciale pour les enfants. L'eau de Cologne est à proscrire, elle contient trop d'alcool pour son épiderme délicat.

Sa pierre fine porte-bonheur est l'améthyste. Elle éloignera de lui les maladies et l'adversité. Vous pouvez lui en acheter une que vous ferez exorciser et bénir et qu'il portera en pendentif, avec sa petite médaille personnelle, à une chaîne d'or. Vous pourrez lui donner aussi une opale : elle peut le préserver des infections et des tumeurs malignes ; la plus efficace est celle qui a des reflets bleus.

En protégeant ainsi votre enfant Verseau, vous lui donnerez pour la vie le meilleur départ et vous aurez utilement œuvré en vue de son bonheur.

ORIGINE DES ILLUSTRATIONS

Archives photographiques : 34 – Bibliothèque nationale : 2, 23, 24, 65, 66, 114, 136, 152 – Bibliothèque des Arts décoratifs / Jean-Loup Charmet : 6, 37, 42, 48, 52, 56, 59, 89, 99, 135, 148 – Bulloz : 74, 82, 142 – Jean-Loup Charmet : 15, 45, 97, 100, 122, 124, 145, 157, 163, 168, 173 – Giraudon : 68, 79, 180 – Roger-Viollet : 13, 28, 38, 110, 116 – Archives Snark : 20, 31, 87, 90, 167, 189. Atlas Photo/Merlet : 187 / Tomsich : 8 – Gamma : 129, 132 / Mali : 85 – Rapho / Doisneau : 185 / De Sazo : 61 / Yan : 104 – USIS : 95.

Achevé d'imprimer
sur les presses de
l'Imprimerie Hérissey
à Évreux - N° 55559
le 12 août 1991

Dépôt légal : 1er trimestre 1984

N° d'Éditeur : 33633